NOTICE HISTORIQUE

SUR

L'AMIRAL DUMONT D'URVILLE.

NOTICE HISTORIQUE
SUR
L'AMIRAL
DUMONT D'URVILLE.

On doit aux vivans des égards, on ne doit aux morts que la vérité.

MÉMOIRE ENVOYÉ AU CONCOURS OUVERT PAR L'ACADÉMIE DE CAEN EN 1844,

Par M.-R.-P. LESSON,

Premier pharmacien en chef de la marine, professeur de chimie, membre du conseil de santé, membre correspondant de l'Institut (académie des sciences; de l'académie royale de médecine; du comité historique près le ministère de l'instruction publique; de la société zoologique de Londres; de l'académie des sciences naturelles de Philadelphie; de la société royale des sciences de Liége, de la société d'histoire naturelle de l'île Maurice, de la société orientale de Paris.
Membre titulaire ou associé du cercle médical de Montpellier; des sociétés royale des sciences, philomatique et linnéenne de Bordeaux; de la société linnéenne de la Normandie; de la société d'agriculture du département de l'Eure; de la société d'histoire naturelle de Paris; de la société cuvierienne; des sociétés archéologiques de l'Ouest et de Saintes; des sociétés de Rochefort, de la Rochelle; de l'institut des provinces; de la société de médecine, de chirurgie et pharmacie de l'Eure; de la société pour la conservation des monuments historiques de France, etc., etc.
Chevalier de la légion d'honneur, membre du conseil municipal de la ville de Rochefort.

ROCHEFORT,
IMPRIMERIE DE HENRY LOUSTAU ET Cie.

1846.

I.

L'académie royale des sciences de Caen avait mis au concours l'éloge de l'amiral d'Urville, il me prit fantaisie de concourir; mais je professe une aversion si décidée pour les éloges, que j'intitulai mon mémoire *vie de l'amiral d'Urville*, ce qui me permettait de louer les qualités du modèle, tout en joignant les défauts qui, à mon point de vue, donnent du relief à son caractère. En général les sociétés académiques préfèrent les éloges et surtout ceux semés de fleurs de rhétorique. On ne déifie jamais assez les héros dont elles veulent faire l'apothéose! Ont-elles raison, ais-je tort? je tiens aux lois normales de l'humanité, les grands caractères, suivant moi, brillent d'autant mieux que leurs petites passions sont mises à nu.

Par respect pour mon premier travail, je le conserverai intact et seulement j'y joindrai des notes. Je le ferai précéder aussi de l'extrait du rapport de M. l'avocat général Th. Massot, qui s'exprime sur mon mémoire, portant le n° 11, avec une liberté complète. Je respecte l'indépendance de son opinion tout en reconnaissant qu'il y a dans son appréciation des erreurs capitales.

Dans le volume des mémoires de l'académie de Caen pour 1845, on trouve ce compte-rendu que j'imprime ici textuellement.

« Le n° 11 est celui peut-être qu'on lirait avec le plus de curiosité et de fruit. Voici son début : Nous avons été l'ami de d'Urville, souvent le confident intime de ses pensées et de ses projets. Nous avons vécu de cette vie de contact où les hommes apprennent à se connaître jusqu'au fond de l'âme. — Nous avons navigué avec lui, parcouru avec lui les contrées les plus sauvages, partagé avec lui des courses aventureuses pour conquérir quelques matériaux d'histoire naturelle ; — Nous connaissons tous ses écrits, toutes ses publications ; — Nous avons eu en nos mains les manuscrits de quelques compositions inédites ; — nous tracerons donc la vie de ce marin, avec une appréciation qui ne sera ni aveugle ni injuste. La sainte vérité guidera notre plume, et si parfois quelques ombres viennent se mêler à notre coloris, c'est que d'Urville tenait de l'espèce humaine, c'est que ses défauts étaient les reliefs de ses qualités, et que taire les uns ou les autres, serait tracer un portrait de fantaisie et nullement d'après nature.... Ce passage a le mérite de faire connaître d'une manière exacte le travail de l'auteur, et résume assez fidèlement et ses qualités et ses défauts. Comme il l'annonce, il est toujours vrai, parfois sévère ; — comme vous l'avez pu voir, son style ne manque pas d'énergie, mais on y pourrait désirer plus de clarté et de correction. Si quelques teintes trop crues, trop dures, avaient été adoucies, si plusieurs pièces authentiques qui alanguissent le récit et l'allongent outre mesure, avaient été retranchées ou rejetées en note, si enfin le style était plus pur, cette œuvre serait digne d'être remarquée entre toutes. On voit, on sent, en lisant, que Dumont d'Urville a posé, et que le peintre a su saisir les traits si caractérisés de cette mâle figure. Et pour qu'on la comprenne mieux il nous laisse entrevoir l'esquisse de la figure non moins caractérisée de la mère de son modèle. Il paraît que madame Dumont d'Urville était une de ces femmes fortes, qu'on dirait taillées dans un bloc de granite, étrangère à toutes les faiblesses de son sexe, et qui, lorsque beaucoup d'hommes se cachaient *pour essayer de vivre*, venait ici disputer et arracher son mari à la terrible justice du tribunal révolutionnaire. On conçoit qu'il pouvait y avoir jusque dans les tendresses naturelles d'une pareille femme, quelque chose de sévère, de rude, dont le caractère de son fils, qui avait perdu son père de bonne heure, dut conserver l'empreinte. Avec l'enfance commencèrent pour lui ces habitudes de froide réserve, de silence, de solitude, qui devaient plus tard le faire accuser de fierté et d'humeur difficile. A l'époque où il fut reçu aspirant, en 1807, les états-majors de la marine, disséminés par la révolution, s'étaient quelques fois ouverts, sous l'influence de nécessités impérieuses, à des sujets peu distingués. Tout ce qui se sentait de la capacité, de l'avenir, se jetait vers l'armée de terre ; c'était sur le continent que le grand homme de l'époque vidait son duel avec l'Europe. Faut-il s'étonner que le jeune d'Urville se soit trouvé déplacé au milieu d'un monde qui lui ressemblait si peu ? — Faut-il s'étonner que lui, tout plein de l'éducation sérieuse et puritaine qu'il avait reçue de sa mère, lui, qui parlait plusieurs langues et savait tout Homère par cœur, lui, qui passait ses journées dans l'étude, faut-il donc s'étonner qu'il se soit pris de quelque dédain pour des camarades qui raillaient, sans les comprendre, ses goûts laborieux, et dont la plupart dépensaient leur vie dans de folles dissipations.

C'est à cette époque et comme pour chercher dans les richesses de la nature une société qu'il ne trouvait pas parmi les hommes, que d'Urville prit le goût de la botanique et de l'entomologie.—L'auteur du n° 11 parle des travaux du jeune naturaliste pendant sa campagne sur la *Chevrette*, en homme qui a le droit, éclairé par sa propre science, de juger la science d'autrui, et qui la juge avec l'équité du vrai mérite. D'Urville aimait à rappeler cette époque de sa vie, où ses premières productions furent accueillies avec empressement, où les savants le recherchaient, lui tendaient la main, le remerciaient de ses découvertes en donnant son nom à des plantes nouvelles, à des insectes ignorés jusqu'à lui. Il faut que Dumont d'Urville eût éprouvé de bien amères déceptions, s'il en était venu à penser des hommes, ainsi que le dit l'auteur du n° 11. Ecoutez-le. Ce n'est pas sans quelque regret que je cite ce passage ; mais il peut servir à expliquer la décision de la commission, et d'ailleurs je suis de ceux qui croient que la meilleure manière de détruire une injustice, c'est de lui infliger l'éclat du grand jour. (1) Le biographe parle des méprises auxquelles donnait lieu parfois la mise négligée du capitaitaine d'Urville, et il poursuit : « Que de fois « les fonctionnaires étrangers furent étonnés de « l'abord de cet homme, au front haut, aux lèvres « minces et contractées, au menton épais et lourd,

(1) Comment M. Massot a-t-il pu appeler injustice, ce qu'un homme sérieux, a écrit en présence même des actes qui se sont passés pendant des années entières sous ses yeux, et dont vingt témoins pourraient attester la vérité ? Que M. Massot sache bien qu'ici la plume a atténué plus qu'elle n'a chargé les traits de cette esquisse. (*Note de l'auteur.*)

« dont la parole était brève et hardie, bien que lé-
« gèrement embarrassée, et dont le langage joignait
« d'ordinaire à l'expression décidée une empreinte
« de causticité. Ces qualités ou ces défauts revê-
« taient surtout une apparence plus prononcée dans
« les réceptions d'apparat, par le sans-gène du ca-
« pitaine qui méprisait souverainement les petits
« égards, les appréciations réservées et méticu-
« leuses de certains tempéraments, et qui marchait
« avec assurance vers son but, sans crainte de
« froisser les susceptibilités ombrageuses et les
« délicatesse de salon....— Le fond du caractère de
« M. d'Urville était un mépris profond pour l'espèce
« humaine. Il se plaçait comme un être à part au
« milieu des autres hommes, et avait pour maxime
« qu'il fallait se servir des uns et briser les autres;
« que l'amitié n'était que duperie, et qu'il fallait
« arriver ici-bas aux honneurs et à la fortune en
« poussant devant soi ceux qui faisaient obstacle au
« but que l'on voulait atteindre. Il aimait à tenir,
« jour par jour, un journal des travers et des ridi-
« cules de ceux avec lesquels il vivait. Personne
« n'était exempt de figurer sur son livre secret. Il
« épanchait sa bile sur tous avec une verdeure et
« une crudité d'expressions désespérantes, et
« ses meilleurs amis ne sont pas ceux qu'il a le
« moins rudement fustigés..... Une rancune ne sor-
« tait jamais de l'âme de M. d'Urville, une fois

« qu'elle y était entrée, et le temps, loin de l'affaiblir, ne faisait que lui donner de la force... » Vous ne vous attendiez guère, Messieurs, à trouver pareille portrait dans l'éloge (1) de Dumont d'Urville. Encore s'il était vrai.... (2) Mais je crois que cette fois l'auteur, s'arrêtant aux surfaces, s'est montré injuste, non pas qu'il soit aveuglé ou poussé par aucune passion mauvaise, car de nombreux passages de son écrit témoigneraient au besoin de sa sincère admiration, de son profond respect pour Dumont d'Urville. Mais qui sait s'il n'a pas vu le caractère de son héros à travers le prisme de ses propres idées ? Je ne connais pas l'auteur du n° 11, mais si j'en juge par quelques pensées jetées ça et là dans le cours de son travail, je le soupçonne de n'être pas animé d'une grande bienveillance pour l'espèce humaine, de n'avoir pas une vive confiance dans la justice des hommes. (3) Quand on se met sur

(1) Le mémoire était intitulé vie de l'amiral d'urville, or, j'ai toujours eu horreur du mensonge. Je prise la vérité par dessus tout et quand je me trompe, je me trompe de bonne foi et sans parti pris.

(2) Quand savez vous M. Massot ? le livre secret de M d'Urville a été trouvé après sa mort, et les feuillets recelaient des pages d'une peinture par trop crue sur ces relations mêmes intimes, au milieu du tableau de ses inimitiés politiques. Les bureaux de la marine étaient surtout les plus mal traités.

(3) L'observation du rapporteur est fort juste. Toute ma jeunesse jusqu'à plus de 30 ans, a été dévolue aux illusions de la vie, à la chaleur de l'âme et à la croyance de la justice. Les déceptions les plus amères sont venues successivement m'assaillir. J'ai rendu quelques services, on m'en a payé par l'ingratitude. C'est la loi commune. Je ne hais point les hommes, je ne suis pas misanthrope, mais j'ai peu d'estime pour la *créature privilégiée* et je la prise pour ce quelle vaut. J'avoue qu'un avocat-général épris de l'homme comme individualité essentiellement morale, m'étonne beaucoup, et contribuerait à ébranler mes convictions.

les yeux un verre de couleur, on voit la nature couverte d'une teinte uniforme qui n'est pas la sienne. Messieurs, nous avons tous notre verre de couleur devant les yeux, et nous ne savons voir les choses et les hommes que sous les reflets trompeurs qu'ils en reçoivent. Que Dumont d'Urville fût devenu misanthrope, qu'il se montrait parfois chagrin et difficile, je le crois; — qu'il fût ambitieux, je le comprends; mais qu'il tint pour maxime qu'il fallait, pour parvenir, ou se servir des hommes ou les briser, je ne le crois pas; — et je ne veux, pour me convaincre, que le zèle ardent et désintéressé que mit toujours d'Urville à faire rendre justice à ses collaborateurs, à ses compagnons de navigation. Que l'amitié ne fût pour lui qu'une duperie, quand on ne s'en fait pas un marche-pied pour s'élever, je ne le crois pas. Le cœur impie qui nierait l'amitié ; serait, par une juste expiation, condamné à n'avoir jamais d'amis, et Dumont d'Urville en avait; je n'en voudrais pour exemple que la touchante et fidèle confraternité du capitaine Jacquinot, qui, le trouvant en 1819 sur la gabarre la *Chevrette*, l'a depuis suivi dans tous ses voyages, sous l'équateur et sous le pôle, et ne l'a quitté que sur les bords de la fosse ouverte pour le recevoir (1). »

(1) Les sentimens émis par M. Massot sont des plus honorabls sans contredit. Sont-ils justes? Qu'il me permette de ne pas répondre. Je n'ai pas écrit avec légèreté les phrases qu'il cite et je les maintiens. La vérité avant tout.

II.

Cook meurt égorgé sur la plage d'une des îles Sandwich ; La Pérouse et ses compagnons ont été engloutis sur les récifs d'une île océanienne, et d'Urville, dont les vaisseaux ont fait trois fois le tour du globe, d'Urville, qui de l'équateur s'était élancé aux glaces du pôle austral, devait, par une épouvantable destinée, périr dans sa patrie, mutilé dans un wagon et brûlé vif !...

D'Urville avait l'énergie, la ténacité de caractère, l'esprit d'entreprise de Cook ; il possédait comme La Pérouse la ponctualité d'exécution, et comme ces deux grands navigateurs une mort déplorable devait jetter sur sa vie un prestige qui, en définitive, assure sa gloire et rendra à jamais son nom impérissable. Le baptême du malheur chez les hommes semble nécessaire pour faire briller avec plus d'éclat les qualités qui distinguent les élus de la postérité, et celle-ci a désormais consacré l'apothéose du célèbre marin normand.

Nous avons été l'ami de d'Urville, souvent le confident intime de ses pensées et de ses projets. Nous avons vécu de cette vie de contact où les hommes apprennent à se connaître jusqu'au fond de l'âme, nous avons navigué avec lui, parcouru avec lui les contrées les plus sauvages, partagé avec lui des courses aventureuses pour conquérir quelques matériaux d'histoire naturelle; nous connaissons tous ses écrits, toutes ses publications, nous avons eu en nos mains les manuscrits de quelques compositions inédites; nous tracerons donc une vie de ce marin avec une appréciation qui ne sera ni aveugle ni injuste. La vérité guidera notre plume, et si parfois quelques ombres viennent se mêler à notre coloris, c'est que d'Urville tenait de l'espèce humaine, c'est que ses défauts étaient les reliefs de ses qualités, et que taire les uns ou les autres serait tracer un portrait de fantaisie, et nullement un portrait d'après nature. Il y a pour la masse des humains un certain charme à rencontrer çà et là dans l'histoire de ces mâles caractères qui s'élèvent par l'ascendant de leurs talens au-dessus de leurs contemporains, à trouver, disons-nous, de ces faiblesses ou de ces passions qui les rapprochent d'elle ; ce sont les miettes que les hommes supérieurs jettent à la faim envieuse de la foule, et le biographe consciencieux doit les recueillir, car plus tard, l'histoire ne met plus en relief que les qualités adoptées par les panégiristes, et sans entente des caractères, elle revêt les hommes illustres d'attributs fictifs en les entourant d'une auréole de gloire sans critique (1). L'éloge *quand même*. à la manière de Thomas, est une amplification de rhétorique aussi vaine que fausse à mon sens.

Jules-Sébastien-César Dumont d'Urville (2) est né le 23 mai 1790 à Condé-sur-Noireau, ville fort ancienne du département du Calvados, entre Falaise et Vire. Issu d'une famille de robe du pays, que des fonctions de prévôté anoblissaient, le jeune d'Urville perdit son père de bonne heure (3) ; sa

(1) Lorsque la gloire vient se fixer sur le nom d'un homme, l'opinion publique sait mauvais gré à l'écrivain qui, de bonne foi peint et les vertus et les défauts du personnage, une fois qu'on s'est fait un grand homme, on n'aime pas revenir sur sa manière de voir. L'effigie est taillée dans le marbre et adoptée de confiance par le vulgaire. La tâche d'un biographe consciencieux devient alors aussi difficile que délicate.

(2) M. Matterer, capitaine de vaisseau au port de Toulon, a publié sur M. d'Urville, son collègue, une notice qu'on trouvera insérée dans les *Annales maritimes et coloniales*, t. 2 de l'année 1842, p. 750, cahier d'octobre.

(3) M. Matterer dit que le père de M. d'Urville était un magistrat estimé dans son pays par son intégrité et son esprit. Madame d'Urville mère défendit, à l'époque de la terreur, son mari, traîné devant le tribunal révolutionnaire, et parvint à le sauver. Le jeune d'Urville reçut une éducation des plus austères jusqu'à l'âge de dix ans. Il allait tête et pieds nus, et sa mère exigeait qu'il fît de longues courses à la campagne. Les premiers principes de la langue lui furent donnés par son oncle, oratorien fort érudit.

mère, qui vit encore (1), femme de tête et d'énergie, mais en même temps de formes acerbes, fit élever son fils à Maltot, puis le plaça, aussitôt qu'il fut en âge, dans l'école communale de Bayeux, puis au collége de Caen, où il termina les études qu'il était possible de faire dans les premières années de l'empire. La mère du jeune d'Urville dédaignait l'emploi des affections douces et des tendresses ordinaires d'une mère pour son fils ; il entrait dans le plan d'éducation qu'elle s'était tracé de donner à son enfant un caractère fier et mâle, exempt de ces afféteries ordinaires de la vie commune. Elle exigea dans les relations intimes une déférence de tous les jours, et imposa dans ses relations le *vous* qui exclut la familiarité, et qui maintient dans les familles une sorte d'habitude cérémonieuse. Et cependant, tel est l'ascendant d'une mère que Dumont d'Urville ne parlait jamais de la sienne qu'avec affection, bien qu'il eût à s'en plaindre, car à l'époque de son mariage, elle cessa d'avoir des relations avec lui pendant long-temps. Avec le caractère de Madame d'Urville la mère, on conçoit que son fils ait pris sous l'empire de cette femme absolue dans ses volontés, sèche dans l'expression de ses sentimens, les formes anguleuses que sa profession de marin ne contribua pas peu à maintenir, en même temps qu'il contractait pour

(1) Ceci était écrit en 1843.

toujours des habitudes calmes, sérieuses et solitaires. D'Urville, peu communicatif dans son jeune âge, adonné à l'étude, apprenait avec difficulté, mais retenait admirablement ce qu'il avait une fois appris. Le livre qui l'avait le plus frappé dans son enfance était Homère; il savait par cœur l'Odyssée où les malheurs qu'entraîne la navigation jouent un si grand rôle, et se plaisait, dans l'âge mûr, à emprunter aux poèmes du père de la poésie héllénique les citations qui avaient trait à quelque comparaison ou à quelques réflexions du jour. Dans les loisirs même d'une longue navigation, frappé de l'analogie qui existe entre les habitans de la Nouvelle-Zélande et les héros du siége de Troie, analogie dont nous parlions fréquemment, il composa son poème des Nouveaux-Zélandais, dont la marche de la fable est entièrement calquée sur l'Iliade. Ce poème, resté manuscrit dans ses papiers, devait être publié; mais plus tard, quand la célébrité vint s'attacher à son nom, il craignit avec juste raison, que le public ne confondit les récits de ses campagnes avec les fictions d'une narration poétique en prose (1), et renonça à mettre au jour cette production, dans laquelle il puisa d'ailleurs de nombreux extraits insérés en notes dans la relation de son second voyage.

(1) Le style de M. d'Urville est généralement sec, formé de phrases brèves, hachées et sans grâces.

Le jeune d'Urville, dont les études latines avaient été poussées fort loin, et dont la vocation décidée pour les langues anciennes lui avait fait faire de grands progrès, sortit du collége de Caen (1) pour suivre les leçons de mathématiques du professeur d'hydrographie, et passa à l'âge de dix-huit ans les examens à la suite desquels il reçut le brevet d'aspirant de deuxième classe de la marine, et l'ordre d'aller servir au port de Brest (2). C'était en 1808, et nos escadres bloquées sur nos rades par l'ennemi ne donnaient point aux marins l'occasion de s'initier aux voyages de mer. Leur vie s'écoulait dans des manœuvres de rades, des évolutions d'embarcations, et dans un service journalier monotone et sans prestige. C'est ainsi que le jeune d'Urville, embarqué dans l'escadre de l'amiral Allemand, fut fait aspirant de première classe, puis enseigne de vaisseau le 28 mai 1812. C'est en servant à bord du *Suffren* (3) qu'il prit en extrême dégoût le ser-

(1) Entré à seize ans au collége de Caen, il n'en sortit qu'à dix-huit ans pour subir les examens voulus pour être admis à l'école politechnique. Il ne fut pas reçu et se décida alors à embrasser la carrière de la marine et obtint le brevet d'aspirant.

(2) Embarqué sur le vaisseau l'*Aquilon*, il fut pris en amitié par le fameux capitaine Maingon, brave et habile officier, qui l'initia aux connaissances astronomiques. Le jeune d'Urville débarqua de l'*Aquilon* pour passer sur la corvette le *Requin*. Il quitta ce dernier navire pour aller au Hâvre embarquer sur la frégate l'*Amazone*, destinée à une croisière dans la Manche. Bientôt il fut dirigé sur le port de Toulon.

(3) A son arrivée à Toulon, d'Urville fut embarqué sur le vaisseau le *Suffren*, puis sur le *Borée*, commandé par M. Senez; il le quitta bientôt pour monter le *Donawert*, commandé par le brave provençal Infernet. De la *Ville de Marseille* et du *Royal-Louis*, il passa sur la gabarre l'*Alouette* qui alla désarmer à Lorient.

vice de la marine, et qu'il contracta l'habitude de ces critiques âpres dont il ne se gênait nullement. La vie de beaucoup d'officiers de marine s'écoulait alors dans les habitudes de café, dans les festins et les routines d'une obéissance aveugle et passive. D'Urville, studieux, sobre à l'excès, de mœurs pures, se trouvait donc dans un monde à part, et en quelque sorte déplacé dans le carré d'un état-major où plus d'une fois l'intempérance était portée à ses plus extrêmes limites. C'est alors qu'il prit en affection l'épithète méprisante de *pochard*, dont il décorait certains de ses collègues, et que ceux-ci lui donnèrent en revanche divers sobriquets qui témoignaient de leur antipathie. D'Urville m'a raconté souvent, le cœur encore ulcéré, les corvées qu'il lui avait fallu faire quand il servait comme aspirant ; sous les prétextes les plus frivoles, et souvent dans des circonstances ridicules ou abjectes; que de fois il lui avait fallu commander le canot qui renvoyait à terre ou la maîtresse du commandant ou sa chienne favorite ! Dans ce monde à part, d'où son caractère ferme et décidé le rejetait, d'Urville obtint l'amitié d'un officier supérieur que recommandaient de brillants faits d'armes et qui cultivait les sciences en amateur ; c'est dans ses relations avec le baron Hamelin qu'il prit le goût de l'entomologie et surtout de la botanique. Mais chez d'Urville, de la conception d'une pensée à son exécution il n'y avait qu'un pas, et c'est avec une sorte d'ardeur fébrile qu'on le vit s'élancer dans les campagnes de Toulon, gravir les crêtes les plus âpres des montagnes qui l'enveloppent, pour se livrer à des herborisations persévérantes et que n'arrêtèrent jamais la faim, la soif ni le soleil. Cette étude, pleine d'attrait, donna donc un nouveau cours à ses idées; compagnon de M. Robert, le conservateur du jardin botanique, l'élève devint bientôt un maître expérimenté, et son herbier, riche de plus de 1,200 plantes décrites et nommées, donna lieu à une *Flore Toulonnaise* qui est restée manuscrite, et dont l'exécution a eu lieu de 1816 à 1819 (1).

Le retour des Bourbons avait apporté en France et par suite dans la marine de grands changements. D'Urville, peu partisan du système impérial, s'était rallié avec vivacité et par des souvenirs de famille aux Bourbons (2). Les officiers de l'escadre de Toulon se divisèrent naturellement en deux camps, les impérialistes et les royalistes; mais ces derniers, plus nombreux et soutenus par la masse

(1) Ces trois années passées à terre furent employées par d'Urville à l'étude des langues et à celle de la botanique. Il consacrait de longues heures à l'observatoire de la marine, pour se perfectionner dans l'astronomie.

(2) D'Urville était enseigne sur le vaisseau la *Ville de Marseille*, qui alla chercher le duc d'Orléans et sa famille à Palerme. De 1814 à 1816, il resta au port, mais il embarqua en 1816 sur le vaisseau le *Royal-Louis*, expédié à Naples pour y aller chercher la duchesse de Berry.

de la population, imposèrent silence aux premiers, que des retraites anticipées ou des changements de ports éloignèrent bientôt de la cité. Toutefois, les opinions de d'Urville restèrent modérées et bienveillantes pour ses camarades, et il ne prit part à aucune sourde menée ni à ces conciliabules dénonciateurs dont il méprisait les basses intrigues.

D'ailleurs, l'occasion qu'il attendait depuis si long-temps vint enfin fournir un aliment à son esprit aventureux et à ses goûts de botaniste.

La gabarre la *Chevrette* arma, en 1816, à Toulon, sous le commandement de M. Gautier, dont l'aptitude pour les travaux hydrographiques jouissait dans l'escadre d'une renommée incontestée, ce qui lui avait valu, soit dit en passant, des autres officiers, le sobriquet de *Gautier-horloge*. La mission de ce marin, dont les travaux sont empreints d'une scrupuleuse exactitude, était digne d'une grande nation, car elle avait pour but de lever les plans des côtes du pourtour de la mer Noire, cette mer féconde en tempêtes, et de déterminer astronomiquement le gisement des positions géographiques de la mer Méditerranée, de l'Adriatique et de l'Archipel. Quatre années furent consacrées, de 1816 à 1819, à déterminer « par des observations astronomiques et des opérations hydrographiques, faites avec les meilleurs instruments, la position de tous les caps, pointes, écueils et lieux remarquables qui se trouvent dans la mer Méditerranée, et en général de tous les points où la côte change sensiblement de direction. » D'après le texte même des instructions données au commandant de la *Chevrette*, ce bâtiment appareilla de Toulon le 16 avril 1816, et dans trois campagnes successives, il recueillit les matériaux de cartes dont le mérite a été hautement apprécié par les étrangers. Le résumé de l'ensemble du travail inséré dans les *Annales maritimes* de 1820 (t. 11, p. 85) a été en partie rédigé par d'Urville sur les notes de M. Gautier, et avec son approbation pour la campagne de 1819.

D'Urville, qui avait accompagné le capitaine Gautier dans sa quatrième campagne (1) de l'Archipel, le suivit encore dans sa cinquième entreprise, en 1820, sur les côtes de fer de la mer Noire. Là, se trouvaient deux jeunes élèves du vaisseau-école, Jacquinot et Lottin, qui contractèrent envers d'Urville un attachement qui ne s'est pas démenti, et ces deux élèves, en le suivant dans ses campagnes aventureuses, ont fait refléter un rayon de sa gloire sur leur nom (2).

(1) M. Matterer avait partagé les fatigues des premières campagnes de M. Gautier. Il se lia d'amitié avec d'Urville, qui fut son compagnon dans les deux dernières.

(2) M. Massot a tiré de ce fait, dans son rapport à l'académie de Caen, des conclusions qui ne sont pas justes, car il a oublié qu'au service de l'état, il y avait aussi des amitiés et des dévouements qui tiennent à la position militaire du chef dont on partage les travaux et la fortune.

Les campagnes de la mer Noire sont pénibles. La navigation y est fatigante et le service des officiers commandant le quart épineux et voulant de la décision et du coup d'œil. D'Urville se fit remarquer par son exactitude et sa ponctualité ; c'est à la rude école de cette mer courte, heurtée, battue de tempêtes brusques et fréquentes, sur des rivages peuplés de tribus barbares, qu'il contracta cette indifférence stoïque pour le voisinage des rochers, et acquit cette sûreté de jugement et adopta ce fatalisme qui ne lui firent jamais craindre d'approcher les côtes les plus dangereuses, quand il croyait devoir en fixer les contours. A la mer, il remplissait son devoir de marin ; dans les ports de relâche, le naturaliste et l'antiquaire le poussaient à faire des courses aventureuses qu'un corps de fer (1) et une énergie peu commune lui rendaient habituelles et sans inconvénients pour sa santé. Dans la dernière campagne, d'Urville, par des travaux estimables et pleins de sève, se fit connaître au monde savant, et c'est à dater de 1821 que ce nom, livré pour la première fois à la publicité, devait bientôt grandir et s'étendre sur toute la surface du monde. D'Ur-

(1) Cette riche constitution s'altéra profondément à la mer, car dans la troisième campagne, le médecin de l'*Astrolabe* a imprimé cette phrase. « Le commandant Dumont d'Urville, dit M Hombron, chirurgien-« major de l'*Astrolabe*, est essentiellement nerveux. Les privations, les « souffrances morales et corporelles ont exalté ce tempérament. Il est « gravement atteint de goutte, et chez lui il faut l'attribuer à l'excès de « l'action nerveuse, car cette exaltation est l'apanage de l'*ambition de « renommée et de gloire qui caractérise M. d'Urville.* »

ville s'unit à M. Barral, aussi enseigne de vaisseau sur le même bâtiment, pour publier la relation de la campagne hydrographique de la *Chevrette* dans dans le Levant et dans la mer Noire ; M. Barral eut en partage l'histoire et les antiquités, et d'Urville se réserva la partie des sciences naturelles. Les relations de ces deux officiers sont insérées dans les *Annales maritimes* (1821, p. 5 et 149), où d'Urville s'exprime ainsi : « Pendant le cours de cette campagne, M. Gautier a complété le beau travail auquel il se livrait avec tant de succès depuis quatre années consécutives ; une carte exacte de la mer Noire manquait à la marine française ou plutôt à l'Europe. Les Russes, il est vrai, avaient levé le plan de plusieurs parties de cette mer, et nous devons convenir que leur travail, en général, s'est trouvé fort bon ; mais il n'est pas complet, et quelques parties manquaient entièrement, telles que la côte des Abazes et toute l'étendue comprise entre le phare et le golfe de Samsoun. La France a eu l'honneur d'entreprendre cet utile monument, et M. Gautier celui de l'exécuter. » Dans ces lignes, d'Urville montre l'esprit didactique et de justice pour les travaux de ses devanciers, dont il aura plus tard une occasion fréquente de faire usage. Elles sont précieuses à conserver, car elles signalent le point de départ de ses travaux.

Le mémoire de d'Urville, lu le 22 janvier 1821

à l'académie des sciences, y obtint un véritable succès ; il parlait pour la première fois de la célèbre Vénus de Milo, et une narration serrée et nerveuse mettait en relief les connaissances du marin en histoire ancienne et celles non moins étendues en botanique, tout en racontant les divers épisodes du voyage. On peut se faire une idée, avec le naturel qu'on retrouve dans ces pages, de l'indifférence de l'officier qui s'aventurait ainsi dans le pays des Abazes, dans la Mingrélie et la Colchide, pour y recueillir des plantes. « Moins fortuné que « Jason, je fus obligé, sur les bords du Phâse, de « renoncer à la toison que je me promettais de con« quérir : » ajoute-t-il avec naïveté, en témoignant le regret de ce que le commandant jugea convenable de passer outre.

C'est alors que d'Urville contracta des liaisons avec plusieurs savants de la capitale, et surtout avec le respectable Latreille, avec M. Mérat, son médecin. Cette époque de sa vie fut pure de toute mésintelligence avec les hommes de sciences, en général caustiques et un peu envieux de leur nature. D'Urville n'avait point encore donné à son nom un prestige qui le rendit redoutable : il ne froissait aucune orgueilleuse susceptibilité ; aussi est-ce l'époque où il ne trouvait à l'académie des sciences que des personnes empressées à bien accueillir ses travaux, et dans les professeurs du muséum des maîtres qui lui prodiguaient leurs éloges.

Depuis 1816, d'Urville était marié. Pendant son séjour à Toulon, il s'était épris d'une jeune provençale, remarquable par l'éclat de ses charmes et par sa vivacité toute méridionale. Chez un homme aussi positif, et je dirai même presque aussi froid que d'Urville, cette passion fut subite, et le projet de s'unir avec celle qui inspirait des sentiments aussi vifs que brusques, ne tarda pas à se réaliser. Mais pour contracter ce mariage, d'Urville eut à vaincre plus d'un obstacle et à braver plus d'un conseil d'ami; sa mère ne donna son consentement qu'avec une vive répugnance, en brisant, en quelque sorte, les relations assez froides, au demeurant, qu'elle entretenait avec son fils. Mademoiselle Adèle Pépin était fille d'un horloger ayant sur le quai de Toulon, sous les admirables cariatides du Pujet, un petit magasin où cependant son industrie avait prospéré en donnant à celui qui l'exerçait une sorte d'aisance. Mademoiselle Pépin avait été élevée dans une maison religieuse mieux que ne l'étaient à cette époque beaucoup de demoiselles provençales. Après bien des tribulations, soit pour obtenir le consentement de sa mère, soit pour avoir celui du ministre de la marine, d'Urville contracta une union qui devait aboutir à une catastrophe qui joignit par une fin commune ceux dont la vie avait été si souvent séparée par de longues absences.

Madame d'Urville, que j'ai particulièrement

connue, était une femme spirituelle, écrivant avec cette finesse qui est l'apanage de son sexe ; mais la perte de deux de ses enfants frappa bientôt son âme naturellement impressionnable et exaltée ; flétrit de bonne heure la pureté de ses formes, et fit éclore quelques-unes de ces vésanies qui font de la vie une longue convalescence, semée de rechutes maladives. Elle aimait passionnément la gloire, et excitait son mari à entreprendre les longs et périlleux voyages qui l'ont illustré. Dans la polémique avec M. Arago, on vit Madame d'Urville prendre la plume et écrire dans les journaux pour lancer des traits, débiles il est vrai, sur le redoutable athlète que des blessures d'amour propre avaient soulevé contre son époux. Mais n'anticipons pas, et reprenons le cours des travaux de M. d'Urville pendant son premier séjour scientifique à Paris.

C'est une belle époque pour l'homme qui a le sentiment des services qu'il rend aux sciences, que celle où il publie, entouré de suffrages empressés, les premiers travaux qui résultent de dures et de dangereuses pérégrinations. Tout lui sourit alors ; son nom ne s'est point encore mêlé aux luttes de la presse ; on l'encence d'abord pour mieux le déchirer ensuite. Plus il tend à s'élever, plus on fait d'efforts pour le descendre dans la poudre ; mensonges, calomnies, viennent en aide à cette œuvre de *vendetta*, et la source de tous ces mensonges, de ces faux jugements, de ces passions, se trouve dans les mille et mille détails des intérêts humains. Un talent médiocre, dont on n'envisage pas encore la portée, est couronné de roses ; mais s'aperçoit-on de la vigueur et de la trempe de l'intelligence, les intérêts matériels s'inquiètent, de riches émoluments pourraient échapper aux mains de prétendants obscurs, mais protégés, et tous les moyens sont bons pour tuer scientifiquement celui qui ose s'aventurer avec ses propres forces en se confiant à la justice des hommes !

Tels furent les sentiments de d'Urville, car il me les a répétés maintes fois. L'équité en France ne vient s'asseoir que sur un cercueil, et pendant la vie il ne faut prétendre à sortir d'une sphère obscure que par des efforts surhumains. Que de beaux génies avortent et meurent sans avoir pu conquérir leur place au soleil !...

Pendant son séjour à Paris, d'Urville, affilié à la société Linnéenne, créée à cette époque, publia dans le tome premier des mémoires, qui parurent en 1822 (p. 255), ses recherches botaniques sous ce titre : *Enumeratio plantarum quas in insulis Archipelagi aut littoribus Ponti-Euxini, annis* 1819 *et* 1820, *collegit atque detexit* J. Dumont d'Urville. Ce catalogue, entièrement écrit dans une bonne latinité, est précédé d'un court aperçu sur les deux voyages de l'auteur en Grèce, et sur le pourtour de la mer Noire, et d'Urville déclare qu'en consacrant ses loisirs à la récolte des neuf cent sept plantes phanérogames ou cryptogames qu'il mentionne ; il n'a pas cessé de coopérer aux travaux du bord : « *Muneribus nauticis atque observationibus astronomicis sœpius impeditus sum. Attamen, favente duce juventibusque comitibus, dulcia studia non omissi amœnamque scientiam colere interdum licuit.* »

Un rapport très-favorable sur cet ouvrage fut fait à l'Institut, par le respectable Desfontaines. Ce catalogue, en effet, se faisait distinguer par les soins apportés à sa rédaction, par une synonymie rigoureuse et complète, par l'élégance des phrases latines descriptives, et par le nombre des plantes nouvelles qu'il faisait connaître et qui avaient échappé à Sibthorp et à Smith, auteurs de la *Flore de la Grèce*, à et Marschall de Bieberstein, qui avait publié la *Flore de la Tauride*. D'Urville, dans son travail, avait adopté les classes du sytème sexuel, et avait confié l'étude des algues marines au professeur de Lamouroux, son ami, homme bien compétent et fixé alors en Normandie. Plus de quarante plantes nouvelles furent le résultat des courses de d'Urville ; les espèces en furent déposées au muséum, et quelques-unes furent introduites vivantes au jardin botanique de Toulon, notamment le superbe œillet géant que j'ai vu croître avec vigueur et dans toute l'énergie de ses formes robustes sous le ciel de Toulon. Schotz nomma une des caryophyllées découvertes par notre marin, *Silene Urvilii*, hommage auquel ce nom devait bientôt se prêter pour une foule d'ovations du même genre.

Dans ce même voyage, d'Urville avait recueilli un certain nombre d'insectes qu'il remit à Latreille, appelé alors le prince des entomologistes, et parmi lesquels il s'en trouva de nouveaux. Latreille nomma une espèce fort belle de papillon : le *Coronis d'Urville.* Cuvier décrivit également une couleuvre découverte dans l'archipel par notre jeune officier.

Dans ce même recueil (p. 598), d'Urville inséra un morceau détaché de ses manuscrits, intitulé : *Notice sur les îles volcaniques de Santorin, et plus particulièrement sur la nouvelle Camini*, morceau qu'il avait lu à la société Linnéenne, le 28 decembre 1821. Ce mémoire, autant historique que géologique, est curieux par l'érudition que d'Urville y déploie, et par les aperçus dont il a semé son récit. C'est ainsi que cherchant la petite île de Chryses, célèbre par les infortunes de Philoctète, il partagea l'opinion du célèbre Choiseul-Gouffier, qui la retrouve dans un écueil situé à l'est de Lemnos. Puis il signale les traces des éruptions volcaniques dont l'antique Mélos présente partout le spectacle; enfin il arrive à signaler les vicissitudes que la *Thesa* des Grecs a offertes dans le nombre comme dans les formes des îlots qui composent ce petit archipel vulcanien, détaché de ce que nous nommons Santorin. *Therasîa*, suivant Pline, s'en est séparée en 237, tandis que *Hiera* ou *Camini* avait pris naissance dès l'an 157 de notre ère, et plus tard de nouvelles éruptions changèrent la face de ces terres volcaniques, sorties du sein des eaux de la Méditerranée.

« La nouvelle Camini, dit d'Urville, présente un aspect affreux, et si quelque chose pouvait donner une idée du chaos, tel que l'on dépeint Ovide et Milton, ce serait bien certainement l'amas informe de ces rochers, enfumés et calcinés, entassés confusément les uns sur les autres, et la plupart taillés à arêtes tranchantes: *Rudis indigestaque moles.* » On reconnaît dans cette touche virile le cachet du talent de d'Urville, son affection pour les descriptions exactes, ses réminiscences des belles lettres latines, et ses habitudes d'observation. Puis, le botaniste reparaît dans l'énumération des plantes qui croissent sur les cendres refroidies, sur les laves éteintes ou sur les ponces de cette singulière terre. D'Urville trouva le moyen de décrire une plante nouvelle dans cette Florule insulaire, et signala aux botanistes une espèce récoltée par Tournefort, mais négligée par eux, et qu'il nomma *statice prolifera*. Des aperçus ingénieux servent à expliquer la migration successive des plantes sur ces îles volcaniques, où vivent deux seules espèces d'insectes de la famille des piméliaires, et le phénomène que présente la mer, qui se couvre de bulles qui viennent du fond crever à la surface, et que d'Urville regarde comme formé par des gaz qui s'échappent à travers les fissures d'un sol naguère en fusion.

Nous aimons à relire ces premiers travaux d'un homme qui préludait ainsi par des faits de détails personnels à des investigations plus vastes et plus faites pour intéresser l'amour propre national de sa patrie.

Mais revenons à une des découvertes archéologiques des plus importantes de d'Urville, à une de celles dont les détails sont moins connus en France, et sur laquelle l'auteur lui-même a été forcé de glisser avec légèreté, en s'effaçant devant le crédit dont jouissait celui qui en a recueilli tout le mérite. Il s'agit ici de la découverte de la Vénus de Milo, de cette admirable statue, ornement de notre musée, et qui est venue consoler la France de la perte de la Vénus de Médicis.

Dans la relation de son voyage en Grèce, d'Urville (*Ann. marit.* 1821, t. 2, p. 150.) donne les faits principaux des circonstances qui le placèrent en face de ce chef-d'œuvre de la statuaire hellénique. Le lecteur pourra consulter les détails imprimés écrits par lui, mais je préfère rapporter la narration que, maintes fois, d'Urville m'a faite, et dont divers officiers, MM. Jacquinot et Lottin entre autres, ont aussi eu connaissance. C'est d'Urville qui parle : — « J'étais allé herboriser aux alentours de Castro, (le *Sixfours* des marins provençaux) lorsqu'un paysan vint directement m'offrir à acheter une statue (1) qu'il avait déterrée près de trois semaines auparavant en creusant sur l'emplacement de l'ancienne Mélos. Il me conduisit sur le lieu de la fouille, et puis à la cachette ou il avait enfoui le torse d'une statue, que je trouvai admirable, autant que mes faibles connaissances en archéologie me permirent de juger. Le paysan m'avait fait promettre de ne point divulguer son secret, tant il craignait de se voir fruster du résultat de son travail. Ce morceau me frappa vivement, et le paysan grec me l'offrit pour la somme de 900 francs environ. Je revins à bord en parler au commandant Gauthier, et après de longues discussions, nous convînmes de l'acheter et de la faire enlever pendant la nuit pour la transporter à bord. Toutefois des scrupules s'élevèrent dans l'esprit de notre supérieur, dont la campagne était à son début ; et il craignit en outre que des plaintes ne s'élevassent de la part des autorités turques. Il me fallut renoncer avec peine à l'espoir que j'avais nourri de voir

(1) M. Matterer raconte d'une manière toute différente la découverte de la Vénus de Milo (voyez An. marit. et col. 1842, t. 2, p. 755); je crois que mes souvenirs sont cependant assez fidèles pour reproduire la version de d'Urville.

l'expédition offrir à notre patrie ce morceau, dont je connaissais bien la beauté, mais dont je ne savais pas toute la valeur.»

« Toutefois, j'en écrivis à M. de Marcellus, secrétaire d'ambassade, pour qu'il en parlât à M. le marquis de Rivière; moi même, à mon passage à Constantinople, je remis à ce haut fonctionnaire, dont j'étais particulièrement connu, un mémoire détaillé, et nous le pressâmes vivement, M. de Marcellus et moi, d'acheter cette statue. M. de Rivière chargea de cette mission son secrétaire d'ambassade, qui, émerveillé de la Vénus, parvint à surmonter diverses difficultés, et surtout la destination qu'allait recevoir ce marbre, vendu à de certaines conditions à un gouvernement étranger par le pacha de Milo, et grâce à M. de Marcellus, la Vénus arriva en France, où elle produisit une vive sensation.» Long-temps, elle a porté cette inscription: *donnée au roi par M. le marquis de Rivière, son ambassadeur à Constantinople.* D'Urville, officier dont la fortune était à faire et que M. de Rivière protégeait, dut taire quelques-unes des particularités que je viens de rapporter, en se bornant aux faits principaux, consignés dans la narration qu'il a donnée.

Le séjour à Paris avait mis trop en relief les connaissances générales de d'Urville, et trop de voix s'élevaient en sa faveur, soit dans les corps savants, soit parmi de hauts personnages, pour qu'on ne lui accordât pas un avancement que ses campagnes de la Grèce et de la mer Noire, dans l'expédition Gauthier, légitimaient. Enseigne de vaisseau depuis 1812, il se trouva porté le deuxième sur la liste de promotion du 22 août 1821, qui nommait dix lieutenants de vaisseau.

D'Urville, dans toute la vigueur de l'âge, plein du sentiment de ses forces, tourmenté de cette soif inextinguible d'honneur et de gloire, près de laquelle la vie ordinaire lui paraissait nue, stérile et de peu de valeur, méditait alors les moyens de se créer un nouvel avenir par quelque expédition aventureuse. C'est alors qu'il rencontra à Paris, occupé à dresser des cartes, un de ses anciens camarades de Toulon, qui venait d'achever le voyage de l'*Uranie* sous le commandement de M. de Freycinet, et cet officier était M. Duperrey. D'anciennes dissensions politiques avaient bien séparé les deux camarades ; l'un était chaud partisan des Bourbons, et l'autre avait été un instant éliminé des cadres de la Marine à cause de ses tendances bonapartistes, suivant le langage de l'époque ; mais la science devait effacer complètement ce que le temps avait déjà fort affaibli. M. Duperrey avait, dans le marine, la réputation d'un habile officier, bon manœuvrier, excellent géographe et physicien ingénieux. La campagne de M. de Freycinet avait mis ces qualités en relief, et les travaux hydrographiques de cette expédition lui faisaient honneur.

La campagne de l'*Uranie* a ouvert l'ère des voyages nautiques en France depuis la restauration ; son commandant était connu par l'expédition aux terres australes, armée, sous le consulat pour explorer les côtes de la Nouvelle-Hollande. Cette campagne malgré l'impéritie du chef produisit des résultats importants, grâce à un homme de génie qui se trouvait à bord et qui tira un parti merveilleux des moindres incidents. L'indiscipline de la plupart de ceux qui montaient le *Naturaliste* et le *Géographe*, et la mort des plus dévoués, menaçaient de frapper de stérilité cette périlleuse expédition, qui comptait des hommes distingués parmi ses officiers. Chargé conjointement avec Péron, de la publication des résultats scientifiques du voyage, M. de Freycinet s'était acquis une juste renommée et lorsque le gouvernement des Bourbons donna son adhésion au plan que lui proposa le commandant Freycinet pour une nouvelle entreprise, la France, peu familiarisée avec les voyages de mer, qu'une longue guerre continentale et la perte de notre marine lui faisaient paraître comme très-dangereux, y applaudit avec enthousiasme. M. de Freycinet eut carte blanche pour les demandes qu'il jugea convenable de faire et pour le choix de ses compagnons. A son retour, la publication des résultats du voyage fut faite à grands frais, et comme M. de Freycinet, pendant son séjour dans la capitale, avait connu la plupart des artistes qui pouvaient lui être utiles, l'atlas de l'histoire naturelle et celui de la partie historique obtinrent de grands éloges. Malheureusement, la lenteur désespérante avec laquelle fut publiée la narration qui n'a été achevée qu'en 1837, après un intervalle de plus de dix-sept années, et la forme de compilation adoptée par l'auteur, nuisit au succès de ce voyage, que ne recommandait d'ailleurs aucune grande découverte en géographie et qui ne signalait aux savants qu'un mince îlot, perdu sur la surface du grand Océan. On doit croire que la présence de Madame de Freycinet à bord a dû paralyser souvent les tentatives de son époux, peu jaloux de soumettre le courage d'une femme adorée aux chances des écueils dans les parages dangereux ; d'ailleurs, le but principal du voyage était une étude du magnétisme terrestre et de quelques autres problèmes de physique générale. Ce voyage avait pour naturalistes Quoy, Gaudichaud, et Gaimard (1) dont les travaux furent le prélude de ceux plus distingués encore, qu'ils achevèrent dans les expéditions suivantes. MM. Duperrey et Bérard, parmi les offi-

(1) Le docteur Quoy, actuellement médecin en chef au port de Brest et président du conseil de santé, aurait été pour le muséum d'histoire naturelle un professeur bien placé dans la chaire des animaux invertébrés, à laquelle le rendaient éminemment propre des publications importantes sur les mollusques, et sur les zoophytes. M. Gaudichaud, aujourd'hui membre de l'institut, a exécuté plusieurs voyages depuis celui entrepris sur la corvette l'*Uranie*, et a publié de beaux travaux, principalement en physiologie végétale. Il est devenu chef d'école en faisant revivre la théorie de Lahire et de Dupetit-Thouars qu'il a étayé de profondes recherches et d'expériences nombreuses et délicates. Il occupe le fauteuil du célèbre Jussieu à l'académie des sciences.

ciers, et Gabert, commis d'administration, s'y firent remarquer, et bientôt nous les verrons figurer de nouveau dans les expéditions qui suivirent celle de M. de Freycinet.

Le ministère de la marine venait d'être dévolu au baron Portal, administrateur exact et habille plus que brillant, qui répugnait à faire entreprendre une nouvelle campagne de découverte, parce que l'expédition de M. de Freycinet avait coûté de grosses sommes à l'état. La perte de la corvette l'*Uranie*, sur un récif des îles Malouines et par un temps superbe (récif placé sur les cartes loin des terres, quand il est la continuation d'un banc à fleur d'eau proche la côte, soit dit en passant) avait singulièrement refroidi le ministère sur ce genre d'armement, et cependant MM. Duperrey et d'Urville, qui s'étaient abouchés, cherchaient par tous les moyens possibles à réchauffer un zèle qui semblait s'éteindre dès le début. On avait exagéré la difficulté de ces expéditions, et mieux que personne les officiers de la précédente campagne savaient que ces voyages, dirigés avec prudence, n'offraient pas plus de chances de perte que ceux qui s'exécutent sur les côtes d'Europe. Les principaux points de la mer du sud avaient été assez bien jalonnés par les premiers découvreurs, pour qu'il n'y ait plus que des localités restreintes à étudier; beaucoup de cartes à dresser, mais peu de terres importantes nouvelles à signaler; des travaux de détails, mais peu de travaux généraux du premier ordre ; des îlots à signaler dans les Carolines, aux Fidjis, aux îles Pomotou, mais plus d'archipel à voir surgir sous l'étrave du navire ! D'Urville s'entoura donc de l'influence de ses protecteurs, et il en avait de puissants, pour faire tomber sur M. Duperrey le choix du gouvernement pour commander une expédition dont il acceptait le second rôle en qualité de lieutenant, espérant, il est vrai, que tout dans le voyage serait fait de concert entre le commandant et lui.

Ces deux officiers, pour décider le nouveau ministre de la marine à armer un navire pour la mer du Sud, firent valoir les vues d'économie sèvère qui les animaient et qu'ils ont réalisées, car la dépense de la corvette la *Coquille* coûta moins pendant ses trois années de campagne qu'elle n'eût coûté à faire le cabotage de Toulon à l'île de Corse. Sa dépense réelle a été de 257,850 fr. 41 c. ; et si elle était restée en France, cette dépense eût dépassé 400,000 fr. Ils rédigèrent donc en commun un programme, dont je dois la communication à d'Urville, programme que je cite en entier, car il est inconnu, et il est probable que sans le hasard qui l'a placé dans mes mains, il serait, à toujours, resté ignoré.

Voici comment s'exprimaient MM. Duperrey et d'Urville, en s'adressant au ministre de la marine :

« Excellence, le règne de S. M. et votre ministère seront illustrés dans les annales de la marine par les expéditions que viennent de terminer MM. Roussin, Gauthier et Freycinet ; malgré des circonstances difficiles, le gouvernement sut s'imposer des sacrifices considérables pour soutenir l'honneur du pavillon et approprier à la nation française les riches récoltes répandues sur les différentes parties du globe qui ont jusqu'à ce jour échappé aux recherches des navigateurs. Elle recevra donc avec intérêt le projet que lui présentent deux officiers qui se proposent d'unir leurs efforts et de les diriger vers un but aussi honorable, surtout quand elle sera convaincue que ce projet ne pourra causer à l'état aucuns frais extraordinaires.

« Les travaux qui leur ont été confiés dans les campagnes qu'ils viennent de terminer, ayant été, par vos faveurs, couronnés du plus heureux succès, le tribut de la reconnaissance leur impose l'obligation de vous signaler les lieux sur lesquels leurs goûts prédominants se promettent encore d'acquérir de nouvelles richesses, et quels sont les moyens économiques qu'ils se proposent de suivre pour parvenir aux résultats de leurs désirs.

« En parcourant la surface du globe sur la corvette l'*Uranie*, j'ai été assez heureux pour recueillir plus de matériaux hydrographiques que l'objet de notre mission semblait le permettre, notamment aux îles Mariannes. J'ai pu donner de cet archipel une carte générale et des plans particuliers des ports dont l'existence était encore ignorée.

« Les historiens et les naturalistes de l'expédition ont également épuisé la matière, dans tout ce qui les concernait. Mais nous n'avons que des données vagues et incertaines sur la Nouvelle-Guinée et l'immense archipel des Carolines qui occupent tout l'espace compris entre les Mariannes et la Nouvelle-Hollande. Nous n'avons aperçu que quelques îles de leur partie ouest, et nous n'avons communiqué avec les peuples industrieux qui les habitent que pour avoir le regret de remettre à un autre temps tout l'intérêt qu'ils méritent.

« L'espoir d'être appelé un jour à remplir cette lacune m'a fait terminer avec plus de zèle la rédaction des cartes que j'ai levées dans ma dernière campagne, et la manière dont l'institut s'est prononcé dans son rapport du 7 mai 1821 sur mes travaux, me conduit naturellement à offrir mes services pour remplir le même but dans la campagne que je propose. Ainsi, indépendamment des autres questions qu'il me serait sans doute permis de résoudre, je me résume pour ce qui me serait personnellement relatif; en conséquence, la géographie, l'hydrographie, les observations de physique et d'astronomie, seraient les parties qui, d'une manière spéciale, fixeraient toute mon attention. Mais ces opérations sont loin de remplir le cadre que je me suis imposé.

« Des pays inconnus jusqu'à nos jours offrent un vaste champ aux recherches de tout genre en histoire naturelle. M. d'Urville, avec lequel je m'associe, connu déjà par les riches récoltes qu'il a eu occasion de faire dans les campagnes de la Méditerranée et de la Mer Noire, en 1819 et et 1820, et par le mémoire qu'il a lu à l'institut le 22 janvier 1821, se chargerait de cette partie, tout en coopérant aux travaux hydrographiques, et dans les nombreuses relâches qu'exigeraient les opérations de la campagne, il trouverait facilement le moyen d'enrichir la science et le muséum royal d'histoire naturelle d'une foule d'objets nouveaux. Sous un tel rapport, ces archipels seraient d'autant plus intéressants à explorer qu'ils fourniraient d'immenses matériaux pour la géographie botanique, science à peine naissante, mais dont les progrès sont déjà très-rapides, grâces aux efforts de Humboldt, de de Candolle, etc. Les flores particulières des îles que l'on aurait occasion de visiter, donneraient autant de rapports curieux entre les trois grandes classes de végétaux. Enfin, leur situation singulière aux confins de l'Asie, de l'Amérique, de la Nouvelle-Hollande, offriraient des productions communes à ces trois continents; mêlées sans doute avec des espèces qui leur sont vraiment propres; documents de la plus grande importance pour aborder avec succès les grandes questions de géographie naturelle et de géologie.

« Le langage, le caractère, les mœurs et la physionomie des insulaires seraient l'objet d'observations particulières et non moins curieuses. De la comparaison attentive de leurs divers langages surtout, on pourrait conclure s'ils ne sont réellement que les lambeaux épars d'un vaste continent détruit à une époque déterminée par quelque grande convulsion du globe, ou bien si leur existence en colonies isolées remonte à un temps immémorial.

« Je ne m'étendrai pas davantage sur la nécessité d'enrichir les sciences et la géographie de tout ce que cette vaste partie du globe peut offrir de plus remarquable. Les savants ont déjà prononcé sur l'importance d'une semblable entreprise; mais il m'appartient, comme marin, honoré de leur confiance et de celle du ministère, d'exposer ici les moyens que je me propose d'employer pour que leurs désirs, soumis à un système économique d'exploration, puisse obtenir tout le succès qu'on doit en attendre.

« Si jusque aujourd'hui les grandes expéditions ont été aussi rares, c'est aux dépenses considérables qu'elles ont occasionnées qu'il faut en attribuer la cause. Ces dépenses étaient sans doute indispensables à une époque où l'art de la navigation, les instruments en usage et les moyens de conserver la santé des équipages, n'étaient point encore parvenus à un degré de perfection suffisant pour n'avoir pas recours à des précautions superflues ; mais aujourd'hui que les connaissances humaines ont aplani les difficultés, que l'expérience des marins a succédé à cette terreur qu'inspiraient certains parages aux premiers navigateurs ; aujourd'hui enfin que les mers les plus éloignées offrent souvent plus de sécurité que celles qui baignent nos propres côtes, ne peut-on pas rendre ces sortes d'expéditions moins dispendieuses, et par là même plus fréquentes ? Est-il toujours nécessaire de les envelopper d'un éclat qui nuit aux progrès des recherches, et ne peut-on pas, à l'exemple des Dampier et des Forrest, moissonner les richesses que la nature ne cesse de nous offrir, et cela sans occasionner plus de frais à l'état que n'en coûte annuellement l'un des bâtiments dont la destination ne consiste qu'à parcourir nos côtes de la Méditerranée ou de l'Océan ?

« Pour moi, il n'est pas de sacrifices auxquels je ne me soumette avec enthousiasme pour donner l'exemple d'une entreprise fondée entièrement sur les idées que je viens d'émettre, et dont le succès m'est d'ailleurs démontré par l'expérience que j'ai pu acquérir sur les lieux mêmes que je désire encore visiter.

« Si cependant il faut encore des exemples pour donner à mon opinion toute la confiance qu'elle mérite, il me suffira de faire remarquer les moyens d'exécution qui viennent d'être employés à la Nouvelle-Hollande. Le lieutenant King, avec un navire comportant à peine trente-hommes d'équipage, vient de terminer d'une manière glorieuse la géographie de toutes les côtes de ce vaste continent.

« Ne pouvons-nous pas aussi, comme ce jeune navigateur, nous présenter. M. d'Urville et moi, avec un armement aussi peu dispendieux, sur les parages dont j'ai parlé ci-dessus? Nous ajouterons pe plus, qu'à la rigueur il suffirait au gouvernement de nous déposer sur les lieux mêmes, et de nous y laisser tout le temps que nécessitera l'étendue de nos observations. Nous sommes certains d'avance de trouver chez ces insulaires, livrés entiérement à la navigation, et d'ailleurs doués d'un caractère extrêmement doux, tous les moyens de pourvoir à notre existence et de satisfaire à notre ambition. En un mot, avec les ressources qui seront à notre disposition, il est de toute certitude qu'aussitôt l'entreprise commencée, la géographie complète, l'histoire naturelle et l'histoire des peuples des îles Carolines et de la Nouvelle-Guinée, deviendront une propriété qu'aucune nation d'Europe ne pourra contester à la France.

« Si l'on admet l'armement comparatif dont j'ai

parlé, les circonstances de notre route nous conduiraient encore à des recherches non moins intéressantes, bien qu'elles soient détachées de celles qui seraient l'objet essentiel de ce voyage. En doublant le cap Horn, nous pourrions visiter cette Nouvelle-Shetland, récemment découverte par 66° de latitude sud, en y faisant flotter pour la première fois notre pavillon; elle nous offrirait encore les moyens de présenter à l'Institut des observations de pendule faites sous la plus haute latitude à laquelle il soit permis de parvenir dans l'hémisphère austral. Nous pourrions aussi rester quelques jours sur la côte des Patagons, dans l'unique but de résoudre enfin la fameuse question de physiologie relative à ces peuples L'on conçoit que les îles de Pâques et de la Société n'échapperaient point à notre attention. Il importe sans doute de connaître à quel degré de civilisation sont parvenus des peuples que La Pérouse et Bougainville ont visités pour la première fois.

« Les dimensions du genre de bâtiment qui, sous le rapport de la navigation, pourrait remplir nos vues, ne permettraient pas de conserver à bord toutes les collections faites dans les trois règnes pendant la durée du voyage. Mais la nécessité de relâcher au moins tous les six mois, soit à Manille ou à Gouham, soit au port Jackson, pour y renouveler les vivres, nous donnerait les moyens d'expédier en France le résultat de nos travaux. C'est aussi la même communication qui nous dispenserait d'encombrer le navire d'une foule d'objets qui, pris dans nos ports, sont presque toujours détériorés avant d'être mis en usage.

« Je vois du reste dans les pays qui fixent mon attention des ressources qui déjà nous ont été présentées dans la campagne de l'*Uranie*. En effet, ils nous fourniraient en abondance, et pour la peine de les couper seulement, les bois propres à la construction et à la mâture. Ainsi, les opérations du bâtiment n'entraîneraient aucuns frais. Les Carolins et les Papous cordent avec beaucoup d'adresse le kaire du coco, dont ils feraient des cordages de toutes les grosseurs. Leurs pros, et l'art avec lequel il les conduisent, nous serviraient à faire nos excursions géographiques et d'histoire naturelle. Le goût qu'ils ont eux-mêmes pour la navigation pourrait aussi nous être d'un grand secours, soit en nous aidant dans nos manœuvres, soit en nous donnant des renseignements, comme ils l'ont déjà fait, sur les positions, les noms et les localités de leurs îles.

« Sous le rapport des vivres, toutes les plantes farineuses s'y trouvent en grande quantité; d'ailleurs, la chasse et la pêche y sont on ne peut plus abondantes. Nous saurions, ainsi qu'on le pratique à Gouham, extraire du cocotier l'huile, le miel et l'eau-de-vie, denrées essentielles à l'équipage, et que l'on obtiendrait sans faire la moindre dépense. Et un mot il est facile de se convaincre qu'avec nos dispositions une semblable entreprise se réduit à fort peu de chose, quant aux frais ; car pour nos opérations il nous suffirait d'avoir un cercle répétiteur, une lunette de passage, un micromètre et deux montres marines. Nous avons, M. d'Urville et moi, tous les autres instruments.

« N'étant guidés dans cette campagne que par le désir d'enrichir notre patrie d'un travail utile et glorieux, et d'accroître autant que nous le pourrons le domaine des sciences, nous ne demandons aucune indemnité pour les préparatifs nécessaires à ce voyage et pour les recherches que nous entreprendrons. Comme nous l'avons fait au retour de nos dernières campagnes, nous communiquerons au Muséum, et aux savants de la France, tous les objets que nous rapporterons. Les appointements de nos grades nous suffiront, et nous nous estimerons heureux de pouvoir travailler utilement au progrès des sciences, qui depuis longtemps font le charme de nos loisirs. »

On se ferait une bien fausse idée si l'on pensait qu'en France un esprit de suite quelconque ait présidé aux campagnes d'explorations dans la mer du sud. Le hasard qui gouverne les choses de ce bas monde, a jusqu'a ce jour dirigé ces sortes d'entreprises, confiées à ceux qui avaient les moyens de les faire chaudement appuyer par des patrons. Il faut avouer aussi que bien peu d'officiers de la marine comprennent tous les résultats avantageux qu'en pourrait retirer la nation, et à lire les pages publiées dans ces dernières années, on se croirait fort riche, quand la plupart des narrations de voyages, rédigées sans goût, se sont bornées à une répétition de documents déjà dans le domaine public et qui ont cours sans qu'on sache à qui les restituer. Ces voyages, pour être fructueux pour la France, auraient besoin d'une haute volonté qui les dirigeât ; d'hommes capables pour les exécuter, et d'agents stables pour les faire tourner au profit de la France, d'abord, et ensuite de l'humanité par leur portée philosophique.

Quoi qu'il en soit de cette digression, le ministre de la marine soumit à l'approbation du roi Louis XVIII, le projet de voyage de MM. Duperrey et d'Urville. Une gabarre de quatre cent quatre-vingts tonneaux, du port de Toulon, appelée la *Coquille*, fut décorée du nom de corvette, et destinée à cette campagne. Il fut décidé qu'aucuns frais particuliers ne seraient faits en faveur des collections d'histoire naturelle, pendant la durée de l'expédition et que les médecins de la marine ne recevraient aucun secours dans ce but. MM. Duperrey et d'Urville choisirent leurs officiers, et il faut le dire, avec bonheur. La plupart étaient cités par des connaissances recommandables, et presque tous avaient légitimé le choix dont ils étaient l'objet. C'était Bérard (1), aujourd'hui le chef de la station de la nouvelle Zélande, et officier de haute distinction, qui avait fait la campagne de M. Freycinet, c'était Jacquinot, élève de M. Gaultier, qui devait commander plus tard la conserve de d'Urville; c'était Lottin (2) devenu, célèbre par l'expédition du Nord; c'était Gabert(3), le commis aux revues, aujourd'hui commissaire, qui avaient rendu tant de services à l'*Uranie*; c'était de Blosseville, talent de prenier ordre, qui certes eût acquis une haute position dans la marine, et serait devenu incontestablement une des célébrités du pays, et qui, bien que mort jeune si misérablement dans les glaces du *Groënland*, a légué une réputation pure de dévouement et de talents

(1) Auguste Bérard, capitaine de vaisseau, né à Montpellier, frère d'un chimiste célèbre, a publié des cartes de la Méditerrannée et notamment des côtes d'Afrique justement estimées. Il commande actuellement la corvette le *Rhin*, destinée à protéger le commerce français dans l'Océanie. Les journaux viennent de relater l'acte de vengeance qu'il a tiré des insulaires d'un des groupes des îles Mulgraves qui avaient massacré le capitaine et une partie de l'équipage d'un baleinier français (juillet 1846).

(2) Charles-Victor Lottin, capitaine de corvette, est né à Paris. Il publie en ce moment, les observations de physique de l'expédition du nord.

(3) Paul André Gabert, Sous-Commissaire de la marine est né à Toulon où il sert. — Il a fait la campagne de l'*Uranie* en qualité de secrétaire de M. de Freycinet. Homme modeste, laborieux, très instruit, possédant plusieurs langues et surtout l'Espagnol et le Portugais, il a recueilli une masse considérable de matériaux que le chef de l'expédition a utilisés dans sa volumineuse compilation. Dans le voyage de la *Coquille*, il remplissait les fonctions de commis aux revues et aux approvisionnements. Il a rédigé le texte des premières livraisons de la partie historique de notre campagne, les seules qui aient vu le jour. La cessation de cette publication a enseveli à jamais notre voyage dans un profond oubli, et il ne s'est pas trouvé un seul ministre qui ait jugé convenable de faire terminer en temps utile cette relation!...

nautiques (4). Il n'y a pas jusqu'à des maîtres et des marins (5) éprouvés par le voyage précédent, qui ne soient venus prêter leur expérience à cette campagne faite sans faste, et dont les résultats eussent été immenses si tous les matériaux avaient été réunis et coordonnés avec intelligence,

M. D'Urville avait espéré que tout à bord se ferait avec sa coopération, sous la direction de M. Duperrey. bien que remplissant les fonctions de lieutenant et faisant son quart comme les autres officiers, il s'était réservé exclusivement les parties des sciences naturelles qui traitent des insectes et des plantes. M. Garnot, mort récemment, avait eu en partage les mammifères et les oiseaux, et comme dernier venu il m'était échu ce dont MM. d'Urville et Garnot ne voulaient pas s'occuper, c'est-à-dire les poissons, les mollusques, les crustacés, les zoophytes et la géologie

Pendant l'armement de la *Coquille* et notre séjour à Toulon, je voyais tous les jours M. d'Urville, des liaisons assez intimes s'établirent entre nous ; nous faisions de concert des courses actives dans les cam-

(4) Jules-Alphonse-René Porret de Blosseville, était un de ces hommes faits pour arriver aux premiers grades de la marine. C'était un cœur aussi noble que courageux. J'ai publié sur lui une notice à laquelle je désire faire suivre une étude plus approfondie de son caractère et de ses travaux,

(5) Voici les noms des principaux maîtres : Thomas Rolland, maître canonnier, né à Lavalette; il avait fait la campagne de M. de Freycinet et servait à bord de la *Pomone* dans le brillant combat de M. de Rosamel. Il a été décoré au retour. Antoine Bernard, chef d'équipage, décoré au retour. Jacques-Philippe-Hyppolite Grégoire, maître de timonnerie fait enseigne de vaisseau. Alexandre Berenguier, maître charpentier, qui s'est empoisonné en mangeant des fruits sauvages dans la deuxième campagne de M. d'Urville, etc., etc.

pagnes de la Provence, pour nous familiariser, en quelque sorte, avec les excursions aventureuses qui devaient, dans les contrées lointaines, offrir un aliment bien autrement vif pour la science qu'elles avaient pour but d'enrichir.

La corvette la *Coquille* était un solide navire portant admirablement bien la voile, mais d'une marche médiocre. On lui donna 70 hommes d'équipage et des vivres et des rechanges pour 18 mois. Un ami de M. d'Urville, M. l'ingénieur le Fébure de Cérisy, connu depuis par les services qu'il a rendus à l'Egypte, avait apporté un soin tout particulier aux réparations que ce bâtiment avait reçues avant de sortir du port de Toulon. La campagne dura 872 jours et sans perte d'un seul homme de l'équipage, fait assez rare, bien qu'on connaisse plusieurs navigateurs qui ont été aussi heureux. La corvette la *Coquille* appareilla de Toulon le 11 août 1822 ; elle fit des relâches à Téneriffe, à Sainte-Catherine du Brésil, aux îles Malouines, au Chili, au Pérou (Callao et Payta), puis s'élançant dans l'Océan Pacifique, elle traversa l'Archipel des îles Pomotous, découvrit plusieurs île set fut relâcher a O Taïti, puis à Borabora. En quittant l'archipel de la Société, elle prend connaissance des îles sauvage, Eoa, Pilstaert, de la Recherche, Ourry, Santa-Crux, Bouca et va mouiller au port Praslin, de la Nouvelle-Irlande. De ce point, elle se dirige le long des côtes de la nouvelle-Bretagne et de l'île d'York, en prenant connaissance des îles Sandwich, Schouten, Aïou et de la Nouvelle-Guinée, vers l'île de Waigiou où elle continue le cours de ses travaux ; tout en relevant les îles nombreuses de cette zône équatoriale, Rœuib, Syang, Loo, etc., etc, va enfin ancrer dans l'île de Bourou et se ravitailler dans la capitale des Moluques, à Amboine.

Après un assez long sejour sur les terres à épiceries, elle remet à la voile à travers les îles semées sur sa route, du Volcan, du Wether, de Gambing, de Timor, d'Ombay, de Panter, de Saway, et se dirige au Sud pour contourner le vaste continent de la Nouvelle-Hollande et de la Tasmanie, afin d'atteindre après une assez longue navigation le port Jakson. De la Nouvelle-Galles du Sud, la *Coquille* fait voile pour la Nouvelle-Zélande, puis de ces îles antarctiques, elle remonte vers l'équateur et communique avec les insulaires de Rotouma et des îles éparses appelées Kingsmill; Mulgraves, etc. va découvrir le Hâvre de la Coquille dans l'île de Oualan. Bientôt ce vaisseau s'aventure dans l'archipel des Carolines et cotoie les îles Pénélap, Aouera, Hogoleu ou Doublon, Fanadik, Sataouelle, etc.et va chercher un refuge dans un des hâvres, alors presque inconnus de la Nouvelle-Guinée. De ces terres, que vivifient des torrents d'eau et de feu, l'expédition harassée sentit le besoin de revoir la France. Chaque jour diminuait l'espace qui séparait de la patrie et, Sourabaya, sur l'île de Java, Maurice, Bourbon, Sainte-Hélène, l'Ascension ne furent que des séjours temporaires qui brisèrent la monotonie de la navigation du retour. 25,000 lieues venaient d'être parcourues, les trois grands caps de l'hémisphère Austral avaient été doublés, d'immenses collections avaient été faites, chacun désirait jouir du fruit de ses travaux ; chacun se berçait de douces illusions sur l'accueil qui lui était réservé en France ; mais ces illusions étaient trop vives pour ne pas avoir leurs déceptions ! (1) Au retour les médecins naturalistes furent accueillis par cette phrase du célèbre Cuvier : Et que voulez-vous que nous fassions de ces monceaux d'objets : pensez-vous qu'on puisse refaire des livres d'histoire naturelle tous les ans ? Mais ajoutons que Cuvier, avec la puissance de son génie, racheta bien vite cette boutade par le beau rapport avec lequel il jugea les labeurs des divers membres de l'expédition. Dans cette appréciation lue à l'académie des Sciences le 18 juillet 1825, il fit des travaux de chacun de nous, un éloge qui ne pouvait être suspect dans la bouche de grand ce naturaliste, et M. Latreille, pour l'entomologie, mit en relief le mérite des collections formées par M. d'Urville. « C'est « à lui, dit ce rapporteur, qu'on devra la riche « collection d'insectes qui fait partie du résultat

(1) Le public en France ne peut se figurer les tribulations qui attendent dans leur patrie, ceux qui après avoir ruiné leur santé, entamé leur avoir, croient payer leur dette à leur pays en publiant leurs travaux. Intrus pour les naturalistes de profession, ils trouvent chez eux des antagonistes, et dans leurs corps les préjugés les repoussent. Ma vie qu'on trouvera écrite dans mes papiers, fournira de curieux détails à ce sujet.

« de cette expédition. Plus de douze cents échan-« tillons renferment onze cents espèces et parmi « celles-ci quatre cent cinquante manquaient au « Muséum. » Quant à ses collections botaniques, M. d'Urville les remit au Muséum et donna des doubles à de Candolle, à Mérat et à quelques autres botanistes.

Mais revenons à particulariser la vie de M. d'Urville dans le cours du voyage de la *Coquille*.

L'intelligence qui avait existé entre les deux chefs de l'expédition, ne tarda pas, après les premiers mois de la campagne, à s'effacer pour faire place à des sentiments contraires à ceux qui les avaient d'abord unis vers un même but. Mobile et impressionnable, le chef de l'expédition se trouvait sans cesse à la gène devant le caractère froid, tenace, tranchant, du second du navire; il en résultat des froissements, des tiraillements qui vinrent ajouter leurs ennuis à ceux qu'éprouvent naturellement des officiers pleins de force et d'ambition, parqués dans d'étroites cabines et toujours en face les uns des autres. Puis les antipathies des chefs ne tardèrent pas faire éclore la mésintelligence entre les subordonnés qui prirent parti pour l'un ou pour l'autre. M. d'Urville vécut toutefois en paix plâtrée avec son chef dans la hiérarchie militaire quoique tous les deux fussent du même grade. Il s'astreignit à l'entier accomplissement de ses devoirs d'officier, tout en utilisant toutes les relâches à des explorations fatigantes et à la conservation de ses collections. Comme lieutenant du bord, il avait des facilités pour loger le produit de ses récoltes en se servant des soûtes, sortes de réservoirs secs et clos, où ses herbiers bravaient l'humidité et la chaleur accumulées dans les autres parties du navire. Sa chambre avaient été parfaitement emmenagée par M. de Cérisy, et M. d'Urville s'y renfermait pour écrire minutieusement, et jour par jour, le journal de ses observations. Il cessa bientôt de s'occuper, comme les autres officiers, des observations astronomiques. et il se concentra tout entier à ses travaux d'histoire naturelle.

M. d'Urville, grand, robuste, à épaisse ossature, jouissait dans la campagne de la *Coquille* d'une santé parfaite, car je ne l'ai vu indisposé que l'espace de quelques jours; aussi avait-il peu de confiance dans la médecine, se moquait-il volontiers des médecins, et dédaignait-il l'hygiène nautique. Il avait une confiance aveugle dans le purgatif Leroy, sa panacée (1). Il pouvait, avec cette activité de tête et cette ténacité de volonté qui lui étaient propres, faire les plus longues courses au soleil, dans l'eau des grèves, sans efforts et comme en se jouant. Il aimait tirer vanité de sa puissance musculaire et s'égayait aux

(1) M. d'Urville n'a pas été le seul officier, à ma connaissance, ayant une foi absolue en cette drogue. Les médicastres parmi les officiers de marine ne sont pas rares. Singulière chose, on donne sa montre à un horloger pour en surveiller la marche, et l'on ingurgite sans scrupule des médicaments qui doivent troubler l'harmonie de l'admirable machine humaine sans craindre de compromettre sa santé, le premier des biens ici bas !

dépens de ceux dont les forces défaillirent parfois à le suivre. Il se couchait sur l'herbe et passait la nuit là ou il se trouvait arrêté, avec la même indifférence qu'il se fût étendu sur un lit d'édredon. J'étais souvent de ses courses et fréquemment j'en revins harassé ; aussi s'empressa-t-il de consigner ce fait dans son voyage pittoresque autour du monde, et cependant je suis le seul qui ait campé avec lui plus de quinze jours dans les montagnes bleues de la Nouvelle-Hollande, vivant du produit de notre chasse, et dormant enveloppés dans une couverture de laine, un peu à la manière des indiens du Missouri. Je l'avais suivi dans une foule d'excursions aux îles Malouines, à la Papouasie et ailleurs.

Tout, dans le physique comme dans les habitudes et le costume, rappelait en d'Urville, un homme des temps primitifs ; il joignait à la sobriété excessive d'un espagnol, le dédain d'un lazzaroni pour la toilette. Je l'ai plaisanté, alors qu'il vivait sur son accoutrement habituel de bord sur notre vaisseau (1) ; j'étais loin de prévoir que sa mort serait aussi proche que cruelle et qu'elle devait faire absoudre en quelque sorte son mépris pour nos conventions sociales. M. D'Urville en effet ne revêtait son uniforme que dans des cas excessivement râres, et contraint par des obligations de service qu'il ne pouvait décliner; mais son costume de tous les jours

(3) Voyage autour du monde, publié en 1830.

était certe plus délabré que celui de la plupart des matelots, à cette époque fort négligés. Aussi cette enveloppe grossière fit-elle naître plus d'une plaisante méprise quand les officiers anglais venaient à bord saluer de la part des autorités le commandant du vaisseau français; on sait le soin, le rigorisme que portent pour leur uniforme les officiers britanniques, et il leur arrivait d'être accueillis sur le pont et sur le ton de l'égalité par un grand homme débraillé, sans bas, en culotte de toile percée, en veste de coutil flottante, sans cravatte, et coiffé d'un mauvais chapeau de paille percé à jour. J'ai toujours été émerveillé du mot lieutenant prononcé à l'oreille de l'étranger et au soubresaut qui en résultait; M. d'Urville, d'ailleurs aimait ce contraste; les quiproquos qui en résultaient animaient sa gaîté et lui procuraient un grand plaisir. C'était pour lui la source de piquantes causeries. M. d'Urville d'ailleurs, parlait l'anglais avec le sifflement entre les dents d'un saxon de vielle souche, et comme en s'adressant aux étrangers avec l'allure d'un homme plein du sentiment de ses avantages et de sa position, il en résultait des sortes d'explications fort plaisantes pour les spectateurs. Que de fois les fonctionnaires étrangers furent étonnés de l'abord de cet homme au frond haut, aux lèvres minces et contractées, au menton épais et lourd, dont la parole était brève et hardie, bien que légèrement embarrassée, et dont le langage joignait d'ordinaire à l'expression décidée une empreinte de maligne causticité. Ces bizarreries revêtaient surtout une apparence plus prononcée dans les réceptions d'apparat, par le sans gène du lieutenant de la *Coquille* qui méprisait souverainement les petits égards, les appréciations réservées et méticuleuses de certains tempéraments, et qui marchait avec assurance vers son but sans crainte de froisser les susceptibilités ombrageuses et les délicatesses de salon. C'est à l'île de France surtout qu'il laissa sous ce rapport des impressions vivaces qu'il retrouva dans ses voyages subséquents.

Le fond du caractère de M. d'Urville était un mépris profond pour l'espèce humaine (1), il se plaçait comme un être à part au milieu des autres hommes et avait pour maxime qu'il fallait se servir des uns et briser les autres; que l'amitié n'était que duperie et qu'il fallait arriver ici-bas aux honneurs et à la fortune en poussant devant soi ceux qui faisaient obstacle au but que l'on voulait atteindre. Il aimait tenir jour par jour, un journal des travers, des ridicules de ceux avec lesquels il vivait; personne n'était exempt de figurer sur son livre secret; il épanchait sa bile sur tous avec une verdeur et une crudité d'expressions désespérantes, et ses meilleurs

(1) Si j'imprimais un travail nouveau, je ferais disparaître tous ces détails qui maintenant sont sans objet. D'un homme mort, il ne doit plus rester que le souvenir de ses belles actions. Mais cette notice ayant été écrite en grande partie pendant que M. d'Urville vivait et ayant été envoyée à l'académie de Caen, il ne m'est plus permis actuellement d'en changer la rédaction.

amis ne sont pas ceux qu'il a le moins fustigés. Ce livre, après sa mort, à été recueilli au ministère de la marine, et plus d'un de ceux qui le liront n'auront pas à se louer de leur portrait. Je n'eus connaissance de cette singulière habitude que par hasard : un jour M. de Blosseville eut avec M. d'Urville une altercation assez chaude et M. d'Urville, en revenant de sa chambre, (nous étions alors sur les côtes d'Hogoleu, dans les Carolines) me dit : J'avais de ce jeune officier la plus haute opinion et je désirais l'associer à un voyage dont je viens d'arrêter le plan, mais c'en est fait entre nous deux et pour en conserver le souvenir je viens de transcrire notre conversation parmi mes notes secrètes. Une rancune ne sortait jamais de l'âme de M. d'Urville une fois qu'elle y était entrée, et le temps loin de l'affaiblir ne faisait que lui donner de la force. Je viens de parler de son projet de voyage et je dois dire qu'alors j'avais accepté la proposition secrète qu'il m'avait faite de m'associer à ses travaux, imbu de l'idée que le voyage de M Duperrey ne serait pas publié par diverses causes qu'il serait sans utilité d'énumérer.

Au reste j'avais la plus haute opinion des qualités de M. d'Urville comme chef d'expédition ; c'était un homme avide de gloire, instruit et jaloux de favoriser de tous ses pouvoirs ses collaborateurs. La réputation que chacun dans sa sphère devait en retirer ne l'offusquait point, au contraire, il avait l'habitude de dire que le mérite du chef d'une expédition était la somme de tous les mérites que pouvaient avoir ses compagnons. Hydrographie, géographie, sciences naturelles, médecine, physique, histoire, le nom du chef absorbe tout les travaux particuliers pour en recevoir une réputation européenne et en définitive ce nom surgit seul quand les autres sont effacés ou tenus dans l'ombre. Il avait grandement raison, aussi a-t-il laissé dans le cœur de ses subordonnés une haute idée de sa capacité; cependant cette pensée si simple en apparence est celle que presque tous les capitaines ont repoussée comme attentatoire à leur autorité. J'en ai connu un que les officiers du bord se plaisaient à faire mettre en colère contre un de leurs collègues en disant devant lui ces simples mots : Un tel en est aujourd'hui au tome 4 de son journal!... Je le laisserai sur une île sauvage avec ses paperasses disait le chef mal avisé, qui a été heureux de trouver plus tard ces paperasses pour que son voyage ne soit pas mort tout entier!

Froid, méthodique, inflexible dans ses projets, suivant autant que possible ses instructions, poussant aux travaux, ne négligeant ni secours d'argent, ni secours du bord, insensible à toute petite considération, ne voyant que le but à atteindre, tel se montrait d'Urville, tel il a été dans ses diverses missions. De pareilles qualités sont trop rares, trop avantageuses, pour la gloire nationale, pour ne pas lui mériter une renommée durable. On conçoit alors que la trempe d'acier de son caractère, devait apporter, dans les relations communes de la vie, ces froissements sur lesquels je viens de m'étendre, peut être trop longuement, et qui au demeurant étaient l'ombre obligée de ses traits si fortement accentués. Demander à un tel homme les petites coquetteries, les procédés, les vertus négatives, les relations à surfaces miroitantes du monde, serait un non-sens. Type à part, jeté dans un moule spécial, il en est sorti de toute pièce avec sa rude enveloppe et son intelligence plus rude encore. *Vincet amor patriæ, laudamque immensa cupido*, (Virgile).

En arrivant en France, M. d'Urville sentit que ce voyage ne pouvait le satisfaire. (1) Il n'était pas entré dans ses projets de se contenter d'un second rôle et comme il avait pour le chef de l'expédition une aversion, tranchons le mot, une antipathie qu'il ne savait taire ni déguiser, il résolut de ne figurer en rien dans la publication du voyage, et ne cacha nullement sa pensée à ce sujet, dans une réunion que présidait M. de Rossel. On lit vingt fois dans ses écrits : *Le voyage facile de la Coquille, les campagnes sans danger de la Coquille et de l'Uranie, etc.*

(1) Dans la notice que M. d'Urville a publiée sur ses propres travaux et qu'il a distribuée aux membres de l'académie des sciences, on lit : « Les espérances de M. d'Urville n'avaient pas été remplies durant le voyage de la *Coquille*, aussi dès long-temps avant le retour, il avait formé le projet d'une nouvelle exploration dans les mers du Sud. »

Ici réhabilitons le voyage de la *Coquille*; (1) il en est peu de plus féconds en relâches importantes, en découvertes neuves, en observations de tous genres, et l'on doit blâmer ceux qui a même d'en faire valoir toute l'importance, se sont tenus dans un mutisme que rien n'explique. D'Urville avait donc fait preuve de sens et de tact en préjugeant quels seraient les résultats de ce beau voyage de la part de ses organes officiels. C'est à partir de cet instant qu'un refroidissement sensible s'éleva entre M. d'Urville et moi; j'avais fait tous les sacrifices pour pousser à la publication du voyage que le ministère venait d'ordonner, et dès cet instant son mécontentement devint manifeste; j'ai publié 4 vol. in-4° d'histoire naturelle et 180 planches in-folio, c'était mon offrande à mon pays, mon pays jugera.

De retour à Paris, M. d'Urville reçut le même avancement que M. Duperrey ; l'un et l'autre furent faits capitaines de frégates, par ordonnance, le premier le 23 mai 1825 et le second le 3 novembre de la même année. M. Duperrey avait été décoré de la croix de Saint-Louis, et M. d'Urville, déjà chevalier de la légion d'honneur avait aussi reçu la croix de Saint-Louis dès son arrivée en France.

C'est à partir de cette époque que va s'ouvrir

(1) Ce voyage a eu du malheur. Toutes les idées qu'on lui doit ont été propagées et souvent absorbées par les voyages subséquents. Le premier j'ai créé les noms de Malaisie, de Papouasie, et ces noms ont été souvent attribués à tort à M. d'Urville.

pour M. d'Urville une ère de prospérité et de succès qui devait grandir et puis aboutir a la funeste catastrophe du chemin de fer, écueil où a fait naufrage sa fortune, car sans nul doute la pairie ou la députation, et peut-être une position plus élevée encore, l'attendaient sur la fin d'une carrière aussi bien remplie. Chimériques projets des hommes ! Ses fragiles vaisseaux ont sillonné de leur quille les rochers des mers lointaines, les bancs de glaces des régions antarctiques, et lui comblé d'honneur est venu périr au port avec les êtres qu'il affectionnait, ne laissant que des débris calcinés et informes !...

De retour en France M. d'Urville s'occupa de donner suite au projet qu'il avait formé d'entreprendre une nouvelle campagne dont il aurait seul la direction. Il s'entoura de tous les moyens qu'il jugea propres à faire agréer son plan. Pendant qu'il en préparait les voies, il livra à l'impression quelques opuscules intéressants et comme il ne devait pas contribuer à la publication du voyage de la *Coquille* qui venait d'être prescrite, il confia à MM. Bory de Saint-Vincent et Adolphe Brongniart ses collections de plantes, afin d'en faire jouir le public. M. Bory publia en un volume in-4° la partie cryptogamique des herbiers faits par M. d'Urville et par moi, et nomma plusieurs ulves et fougères du nom de d'Urville, et créa pour une fucacée gigantesque des mers Australes le genre Durvillœa. Quand aux plantes phanérogames, leur publication, confiée à M. Ad. Brongniart n'est pas encore terminée. Par suite M. Guérin suppléa M. Latreille, qui s'était engagé à décrire et à faire figurer les insectes recueillis dans le voyage et son travail, grossi par l'histoire des crustacés, que j'abandonnai, forme un assez fort demi-volume in-4° dans les quatre qui composent la partie zoologique de la campagne dont il a été question, et qu'accompagnent des planches exécutées par les artistes les plus habiles de Paris.

Le 23 mai 1825, M. d'Urville lut à l'académie des science une notice sur la nature des collections et sur les observations qu'il avait faites pendant le voyage de la *Coquille*. Cette note remarquable sous plusieurs rapports, a été insérée dans les Annales des Sciences naturelles (cahier de mai 1825; T v, p. 62;) dans ce travail M. d'Urville explique la part qui lui a été dévolue en rendant justice à ses collaborateurs, et signale que près de 500 plantes nouvelles seront, au jugement de M. Desfontaines, à ajouter aux catalogues imprimés; au reste, comme elle est un bon spécimen de la manière d'écrire de M. d'Urville, nous croyons devoir l'insérer intégralement.

« Lorsque conjointement avec mon collègue Du-« perrey je proposai le plan de la campagne qui « vient d'être exécutée (1) et dont les résultats sont

(1) Ce projet est inséré plus haut (p. 40) : toutefois notre campagne a été exécutée d'une manière opposée au plan primitif.

« soumis à votre jugement ; dans le principe, tout « ce qui devait se rapporter aux opérations astro- « nomiques et nautiques entrait dans ses attribu- « tions, et je devais rester chargé de ce qui concer- « nait l'histoire naturelle. Par l'intérêt du ministre « qui a accueillit nos projets et la libéralité du gou- « vernement, l'expédition fut montée sur une plus « grande échelle, et plusieurs collaborateurs nous « furent donnés. Cinq à six officiers de marine, « pleins de zèle, de mérite et de dévouement, as- « sistèrent continuellement M. Duperrey dans ses « travaux astronomiques et géographiques. En ou- « tre deux officiers de santé, MM. Garnot et Lesson, « (1) qui s'occupaient avec succès de diverses bran- « ches de l'histoire naturelle, furent appelés à par- « tager les hasards de la campagne. Ce fut avec un « vrai plaisir que je leur abandonnai sans réserve « les parties qu'ils pouvaient traiter avec plus d'a- « vantage que moi, et les matériaux immenses ainsi

(1) L'usage a prévalu d'associer les noms de Carnot et Lesson à l'imitation de MM. Quoy et Gaimard. Mais cette association, je dois le dire ici, a été faite à ma prière dans le rapport que M. Cuvier présenta à l'institut. Or, il devient convenable de dire, puisqu'on a toujours placé le nom de Garnot avant le mien, que j'ai accompli presque seul les travaux que ces deux noms contresignent. M. Carnot a été pris de dyssenterie à Payta, au début de la campagne, cinq mois après le départ de Toulon Gravement malade et ayant été sur le point de mourir, il n'est entré en convalescence qu'à la Nouvelle-Galles du sud où il débarqua pour rentrer en France sur le navire anglais le *Castle-Forbes*. Je suis donc resté seul pendant la navigation de la *Coquille* pour le service du bord et la formation des collections. Il y a donc eu dévouement de ma part en associant, pour le mérite des résultats scientifiques de notre voyage, mon malheureux camarade, qui est resté étranger à la plupart d'entre eux. M. Garnot, nommé deuxième médecin en chef à la Martinique, y contracta une hépatie chronique des suites de laquelle il est mort à Paris il y a quelques années.

« que les utiles observations qu'ils ont rapportées, « leur mériteront sans doute votre approbation.

« Ainsi je me renfermerai pour ce qui était étran- « ger aux devoirs de mon état, dans la botanique « et dans l'entomologie qui, depuis quelques années « occupaient mes loisirs au port, et m'avaient valu « de votre part, au retour de mes campagnes dans « dans l'archipel grec et dans la mer Noire, les suf- « frages les plus flatteurs. Ces deux parties feront « l'objet de la note que je vais soumettre à l'Acadé- « mie, et dont le but est de lui indiquer sommaire- « ment la marche que j'ai suivie et les résultats que « j'ai obtenus.

« En quittant l'Europe, j'emportais un espoir « bien naturel aux voyageurs qui vont parcourir « des régions lointaines et des îles peu connues ; ju- « geant de la fertilité, de la variété des productions « de ce climat par celle du continent que nous ha- « bitons, je me croyais destiné à voir à chaque ins- « tant des figures nouvelles, à faire des decouvertes « nombreuses, en un mot à ajouter une foule d'ob- « jets ignorés à la masse des objets déjà connus ; « cette illusion ne fut pas de longue durée. Plus de « la moitié de notre campagne s'est effectuée sous la « zone torride et au milieu de ces nombreux archi- « pels semés dans l'immense Océan Pacifique. Sur « toutes ces îles, à partir des plus avancées, vers « l'Ouest jusqu'aux confins de l'Asie et même de

« l'Afrique, ce n'est à peu près qu'une même flore, « les herbes, les arbustes, les arbres même le plus « souvent sont les mêmes, et la seule nuance qu'on « y observe est que le nombre de ces espèces va sen- « siblement en augmentant à mesure qu'on se rap- « proche du Continent. Ce nombre est fort limité « et les travaux successifs de mes prédécesseurs « Forster, Commerson, M. Labillardière, et tout ré- « cemment de mon ami M. Gaudichand, en ont « fait connaître une grande partie. Le Chili, im- « parfaitement exploré jusqu'à ce jour, les flores « presque complètes des Malouines, de Taïti et d'Ua- « lan, ainsi qu'un fassicule de plantes provenant de « l'intérieur de la Nouvelle-Hollande, et que je dois « à l'amitié généreuse de M. Cunningham, au Port- « Jackson, semblent me promettre le plus grand « nombre d'objets nouveaux à décrire et à figurer. « Autant que je puis en juger et surtout d'après le « coup-d'œil que M. Desfontaines a jeté sur mes « collections, elles pourront offrir quatre à cinq cents « espèces inconnues, et probablement quelques gen- « res nouveaux.

« Les herbiers de Taïti et d'Ualan auront surtout « l'avantage de nous faire connaître ces végétaux « utiles que les naturels de ces îles avaient si bien ap- « propriés à leurs usages, et dont ils retiraient par « les procédés les plus simples et les plus ingénieux, « leur nourriture, leurs vêtements, leurs teintures,

« leurs médicaments, et jusqu'à leurs objets de « luxe et d'agrément. Je me suis procuré avec exac- « titude leurs noms dans la langue du pays, avan- « tage précieux pour comparer nos observations avec « celles de Forster, et en même temps pour les na- « turalistes destinés à me suivre dans les mêmes « contrées.

« En partie, frustré sous le rapport des dé- « couvertes proprement dites, je m'imposai un sys- « tème d'études, un plan de travail dont les résultats « me parurent encore d'un certain intérêt pour la « science. Chacun de nous sait les progrès étonnants « qu'à déjà faits la géographie botanique par les « efforts réunis de MM. de Humboldt, de Candolle, « Robert Brown, Kunth, etc. Je me proposai de « lui rendre de nouveaux services, et mes collections « ainsi que toutes mes observations furent toutes « coordonnées vers ce but essentiel. Dans chaque « relâche que je faisais je ne me bornais point à col- « lecter les espèces qui me semblaient nouvelles, « mais je préparais soigneusement et sans exception « toutes celles que je trouvais en fleurs ou en fruc- « tifications. Je notais leur localité, leur port, la « couleur de leurs fleurs, et je distinguais autant « qu'il en était possible, celles qui semblaient im- « portées, de celles qui étaient évidemment indi- « gènes. Quelquefois même, mon infatigable col- « lègue, M. Lesson, dont les connaissances en his-

« toire naturelle embrassent presque toutes les bran-
« ches de cette vaste science, pour m'obliger, s'em-
« pressait de peindre sur le frais, avec une vérité
« remarquable, les plantes dont les organes étaient
« ou trop fugaces ou trop périssables. »

« L'herbier que j'ai ainsi formé, et qui se com-
« pose de deux mille cinq cents à trois mille espè-
« ces, peut être considéré comme une suite de
« flores particulières des pays que nous avons
« visités, relatives à l'étendue du terrain que
« je pouvais y parcourir, et à la saison où je
« m'y trouvais. On en pourra déduire des rap-
« ports intéressants entre les genres et les familles
« propres à chacune de ces stations; il en résul-
« tera des documents utiles touchant les lois gé-
« nérales qui président à la distribution des vé-
« gétaux sur toute la surface du globe. On ne
« verra pas sans étonnement que sur un dévelop-
« pement de près de quatre mille lieues, environ
« la moitié du tour du Monde, dans toute la
« zône intertropicale, depuis l'île de France jusqu'à
« Taïti et bien au-delà, sur les îles comme sur
« les continents, le règne végétal offre une quan-
« tité d'objets constamment identiques, tandis que
« dans l'Océan Atlantique, les deux îles de Ste
« Hélène et l'Ascension, situées sous la même zône,
« présentent des espèces qui leur paraissent propres,
« et qu'on n'a retrouvées ni au Brésil ni en Afrique,
« sous la même latitude.

« Non content des considérations générales dont « je viens de vous entretenir, je me suis constam- « ment attaché à un genre d'observations qui me « semble également important pour la botanique. J'ai « voulu indiquer d'une manière moins vague et « plus précise les degrés de fréquence de tel ou « tel végétal dans un terrain et sur un espace « donné. Pour cela je me suis servi de termes « numériques que j'ai employés deux à deux et « dont j'ai affecté chacune des espèces que je ré- « coltais dans le registre où j'avais soin de les « consigner au retour de mes herborisations. Le pre- « mier de ces nombres exprime la quantité d'en- « droits où l'on peut trouver la plante en ques- « tion dans un espace donné : le second, le degré « d'abondance où on l'observe dans ces mêmes « endroits, et par conséquent le produit de « ces deux nombres donnera le degré de fré- « quence absolue de l'espèce sur le terrain dont « il s'agit. Sans doute ces résultats qui ne dépen- « dent que d'un petit nombre de courses et d'un « examen rapide et superficiel, ne peuvent inspi- « rer une entière confiance et doivent seulement « être regardés comme des à peu près, comme « des points de départ propres à guider les vo- « yageurs qui me suivront dans les mêmes lieux, « et pour longtemps encore susceptibles de nom- « breuses rectifications. Toutefois je pense que

« ce moyen, employé pour des flores mieux con-
« nues, et manié par des observateurs scrupuleux,
« pourrait donner sur la nature et le ton géné-
« ral de la végétation dans les divers points du
« globe, des idées beaucoup plus exactes que celles
« que l'on peut s'en former communément.

« Je devais être naturellement jaloux d'enrichir
« votre beau jardin de quelques espèces nouvelles.
« Aussi, dès la conception du Chili, je m'em-
« pressai d'expédier à M. Thouin, par le minis-
« tère de la marine, une cinquantaine de paquets
« de graines recueillies sur ce point de la côte
« américaine. Quelques-unes d'entre elles que j'ai
« vu prospérer à Toulon et qui provenaient d'un
« petit paquet pour le jardin de cette ville, que
« j'avais joint à celui du Muséum, me donne lieu
« d'espérer que cet envoi parvint alors à sa des-
« tination. Du port Jackson, j'en expédiai un pa-
« reil nombre, recueilli tant sur les îles de la
« Société qu'à la Nouvelle-Hollande et aux Molu-
« ques. Mais le funeste naufrage qui priva mon
« estimable collègue, M. Garnot, (1) de tout
« ce qu'il possédait, a aussi causé la perte de
« ce second envoi. Enfin, à mon arrivée à Paris,
« j'ai eu l'honneur de remettre à M. Bosc une
« centaine d'espèces de graines différentes que j'a-

(1) M. Garnot passa de Sydney à l'île Maurice sur le *Castle-Forbes*, de ce dernier endroit il s'embarqua sur le *Georges IV* qui fit naufrage au Cap de Bonne-Espérance.

« vais demandées au port Jackson, à MM. Mac-
« Arthur, Cunningham et Frazier dont j'avais
« eu l'avantage de faire la connaissance, et qui,
« à ma prière, se firent un plaisir de concourir
« à accroître les richesses du bel établissement
« que vous dirigez.

« La nature et les emménagements de la *Coquille*
« ne nous permettaient point de songer au trans-
« port des plantes vivantes : néanmoins à l'île de
« France je me procurai des tubercules d'un arum
« aussi remarquable par sa forme que par ses dimen-
« sions et son inflorescence ; c'est l'espèce vulgai-
« rement connue dans cette île sous le nom de *Faux
« cambare des mers du sud*, et que Rumphius dé-
« crivit avec autant de naïveté que d'exactitude
« sous le nom de *Tacca Phalliphora.* J'ai eu le
« plaisir de la voir fleurir à bord, tandis que nous
« doublions le cap de Bonne-Espérance, et je l'ai
« déposée en pleine végétation au jardin de Toulon.
« J'ai confié également aux soins de l'habile direc-
« teur de ce jardin, un bel échantillon du *Dick-
« sonia arborescens* de Sainte-Hélène, que je dois à
« l'obligeance du gouverneur Walker. Je rappor-
« tai en outre de cette île intéressante un pied
« de *Beatsonia* et plusieurs *Solidago* ligneux, qui
« lui sont propres; mais la première lame qui vint à
« bord les consuma et je ne pus sauver les au-
« tres qu'en les faisant descendre dans la cale
« où elles sont restées jusqu'à mon arrivée à Tou-

« lon. Les bâtiments à batteries couvertes sont « indispensables pour la conservation des plantes « vivantes.

« J'ai suivi pour la collection d'entomologie le « même système que j'ai adopté pour les plan- « tes. Celle que j'offre au Muséum se compose de « douze cent soixante-cinq espèces recueillies sur « quatorze localités diverses. Toutes sont rangées « suivant l'ordre de ces localités et pourvues d'un « numéro qui correspond à celui du registre où « j'ai consigné les observations que j'ai pu recueil- « lir à l'appui de chaque insecte. Pour indiquer « leur fréquence relative, j'ai employé une mé- « thode semblable à celle que j'ai appliquée aux « plantes. D'ailleurs j'ai eu l'honneur de dévelop- « per a M. Latreille, d'une manière détaillée, « l'ordre et la marche que j'ai suivis, et mieux « que moi, ce savant entomologiste peut vous fai- « re connaître de quel prix pourront être mes « travaux en ce genre. Du reste, il a déjà cal- « culé que je rapportais plus de trois cents es- « pèces inédites, et qu'il y avait deux ou trois « genres nouveaux, sans compter ceux qu'une « étude plus approfondie permettra d'établir.

« Enfin comme tous mes collègues, j'ai réuni « sur les mœurs, les usages et les opinions re- « ligieuses des peuplades que nous avons visitées, « toutes les observations qui m'ont semblé de quel- « qu'intérêt ; je me suis attaché particulièrement

« aux langues, j'ai rassemblé une foule de voca-
« bulaires, provenant tant de notre voyage que
« de ceux de nos prédécesseurs, et leur compa-
« raison attentive m'a déjà procuré un grand nom-
« bre de rapports curieux, de rapprochements in-
« téressants. Peut-être un jour me trouverais-je
« en état de compléter et de mettre au net ces
« matériaux encore informes, et de les soumettre
« à votre jugement. Quelque éloignés que soient
« de nous ces mortels bizarres, et tout enfants
« qu'ils nous paraissent sur la scène du monde
« dans ce qui a trait à l'histoire de l'homme,
« rien n'est indifférent aux yeux de l'observateur
« et sous ce rapport une description fidèle et im-
« partiale d'une seule de ces tribus, n'offrirait-elle
« pas plus de champ aux méditations du philoso-
« phe, que l'histoire complète d'un de nos grands
« empires. ? »

« Telles sont les études, Messieurs, qui ont été
« l'objet de mes recherches et de mes réflexions
« dans le cours de cette pénible campagne ; déjà
« elles m'ont procuré l'avantage inappréciable de
« me sauver de l'ennui et des dégoûts inséparables
« d'une aussi longue navigation, et je suis trop
« heureux si elles peuvent mériter les suffrages de
« votre illustre société »

M. d'Urville détacha de son journal de la campagne de M. Gauthier dans l'archipel, un fragment qu'il publia en 1825, dans le tome 27 des *Annales des voyages.* Ce morceau intitulé : *Notice sur les galeries souterraines de l'île de Melos*, prouve dans son auteur des connaissances fort étendues sur les mœurs des anciens et sur les mystères païens du polythéisme grec. Le plan qu'il a annexé à son mémoire tend à reconstituer à l'aide de ce qui est déblayé de nos jours l'état de ce labyrinthe que le célèbre Choiseul paraît ne pas avoir connu et dont Olivier seul donne une bonne description (Voy., tom. 1er p. 339). « Je soumis en 1821 ces observations à MM. Barbier du Bocage et Jomard, dit M. d'Urville, et ces bons juges en fait d'antiquités m'engagèrent à les publier, mais j'en fus distrait par d'autres soins et durant trois années[1], errant à travers les archipels de l'Océan Pacifique, il m'a fallu perdre de vue et l'Ancien Monde et la Grèce antique. » On voit que c'est par erreur que M. d'Urville a donné dans une notice sur ses travaux la date de 1822 pour la publication de ce mémoire.

Ces galeries de Mélos parurent à notre voyageur rappeler en petit les fameux labyrinthes de Crète, d'Egypte et de Lemnos et il pense que placées sous un édicule leur destination a été de servir à certains mystères du culte et à l'émission d'oracles. Mais revenons à ses études d'histoire naturelle, car il se hâta de mettre au jour quelques travaux estimables que nous allons signaler.

En septembre 1825 il fit paraître dans les *Annales des sciences naturelles* un mémoire ayant pour titre : *De la distribution des fougères sur la surface du globe terrestre*. Dans ce mémoire de statistique végétale, M. d'Urville s'est élevé à des considérations botaniques de premier ordre et s'appuyant sur des recherches analogues de M. Humboldt, il a exprimé en chiffres les rapports des fougères recueillies dans son voyage avec les plantes phanérogames, puis il a dressé les mêmes tables de proportions d'après les auteurs les plus connus et pour toutes les parties du monde. Ce travail didactique et substantiel est fort remarquable, et comme il exprime des résultas en chiffres, il est impossible d'en donner une analyse.

Dans le même mois et dans la même année, il présenta à l'académie des sciences sa *Flore des îles Malouines*. On l'a trouve imprimée dans le tome 4 des mémoires de la Société linnéenne de Paris. Cet opuscule de 56 pages, est un des titres les plus solides que M. d'Urville puisse avoir à la réputation de botaniste. La végétation des îles Malouines, placées entre le détroit de Magellan et le cap de Horn, sur les côtes d'Amérique, présente un type particulier par la nature du sol, car nul végétal arborescent ne se montre sur leur surface unie et rase, et cependant couverte d'herbes épaisses et serrées. On n'y connaît que cinq espèces qui aient des tiges ligneuses, mais à port humile et de grosses touffes verdoyantes sont formées par une singulière ombellifère, le *Bolax*, tandis qu'un gramen gigantesque croît dans la tourbe des îlots de la baie Soledad. M. Gaudichaud avait déjà publié un bon travail sur ces terres antarctiques où le naufrage de l'*Uranie* le retint long-temps, et M. d'Urville vint compléter ces premières données, par ses propres recherches. Après des prélégomènes fort intéressants il donne le catalogue des plantes qu'il a ramassées et qui s'élèvent à 214, et décrit par des phrases latines les espèces nouvelles qui sont nombreuses, soit dans les 94 cryptogames, soit parmi les 120 phanérogames. La flore des îles Malouines prouve surabondamment avec quel soin l'auteur aurait publié l'ensemble des plantes recueillies par lui dans la mer du Sud et avec quel scrupule il établissait ses diagnoses, l'habitat et la synonymie. On doit remarquer aussi que l'auteur se sert de chiffres pour indiquer dans quel rapport une plante quelconque se trouve relativement à la masse de la végétation.

Mais la décision royale qui prescrivait une nouvelle expédition d'exploration dans la mer du sud ayant été rendue sur le rapport du comte de Chabrol, en décembre 1825, et M. d'Urville se trouvant appelé à la diriger, il s'occupa exclusivement des moyens les plus convenables pour remplir cette haute mission. De plus, de sourdes rumeurs propagées en Europe et en Amérique réveillèrent le souvenir des malheurs de La Pérouse, et de ses compagnons, et il fut décidé que M. d'Urville se livrerait à d'actives recherches pour retrouver les débris des vaisseaux l'*Astrolabe* et la *Boussole*, et porter secours à quelques-uns des naufragés s'il en existait encore de vivants sur quelqu'île de la mer du Sud. Mission d'humanité digne d'un grand peuple et confiée à des mains bien faites pour accomplir de si nobles investigations! M. d'Urville, en choisissant la *Coquille* comme le navire le plus convenable pour cette longue navigation obtint son changement de nom et lui fit donner celui de l'*Astrolabe* en mémoire du bâtiment que montait La Pérouse. Il choisit des officiers dévoués à sa fortune et s'entoura de M. Jacquinot, comme lieutenant chargé du détail, de M. Lottin pour premier enseigne, et à ces vieux compagnons il ajouta des officiers nouveaux mais fort distingués, MM. Gressien et Guilbert. Ses naturalistes furent MM. Quoy, Gaimard et Lesson jeune (1); aussi M. d'Urville s'applaudissait-il de posséder M. Quoy et a imprimé dans son voyage cet éloge flatteur : « La « vaste étendue de ses connaissances en histoire-

(1) M. Adolphe Lesson manifestait une propension trop vive pour l'étude des sciences naturelles. Il céda à mes conseils, et cessa de s'occuper de ces connaissances qu'un médecin ne doit posséder qu'accessoirement, pour se livrer à la chirurgie et à la médecine. J'ai donné les mêmes conseils aux officiers de santé qui ont bien voulu recourir à mon expérience. Un médecin de la marine doit faire des efforts surhumains pour approfondir telle ou telle branche de la science et publier des livres estimables, et ces connaissances une fois acquises, trouvent dans les savants de profession des juges peu indulgents, et dans le corps des médecins de la marine, une répulsion naturelle qui ne peut que nuire à l'avancement.

« naturelle m'était aussi connue que la parfaite « égalité de son caractère et j'acceptai donc avec « transport l'offre d'un collaborateur aussi distin- « gué. » L'expédition eut aussi dans M. de Sainson un peintre habile, et avec de tels éléments de succès tout présageait au départ de France les beaux résultats que le retour a légitimés.

Les médecins de la marine chargés dans ces missions des doubles fonctions de leur ministère et de naturalistes, ne peuvent en effet tirer d'un premier voyage tout le parti désirable. La science est si vaste, il se publie tant de livres en Europe, que leur attention se porte souvent sur des objets que l'état de la science leur eut fait dédaigner pour diriger leurs observations sur d'autres sujets. Mais à un second voyage, les grands travaux d'étude qu'ils ont fait pour publier leurs matériaux les préparent mieux à des services du premier ordre à la science, en négligeant tout ce qui est assez bien connu pour porter leur examen sur les lacunes et combler les vides de nos méthodes (1).

(1) Nous ne saurions trop le répéter, les naturalistes de profession ne peuvent ni se plier à la discipline du bord, ni se soumettre à la hiérarchie maritime. Le médecin du vaisseau a seul par son grade et l'influence de ses fonctions, la possibilité d'accomplir dans toute leur étendue les obligations qu'imposent les recherches d'histoire naturelle. Leurs études générales d'ailleurs les maintiennent au niveau de ces devoirs, et les Anglais aujourd'hui sont bien pénétrés de cette vérité. Tous les ouvrages publiés à Londres dans ces dernières années par les Horsfield, les Darwin et autres chirurgiens de la flotte, le prouvent surabondamment. En France, on est loin d'agir comme en Angleterre et en Hollande, les médecins de la marine feront bien de renoncer à ce surcroît de travail. Je n'ai pas besoin de rendre ma pensée plus claire, ni d'en dire le pourquoi.

M. d'Urville d'ailleurs, sachant par expérience les inconvénients qu'avaient éprouvés les médecins de la *Coquille* qui avaient sacrifié leur solde et d'assez fortes sommes de leur patrimoine, ou en courses, ou en achats d'objets rares donnés gratuitement au muséum, obtint du ministère un approvisionnement d'objets d'échange et de piastres fortes pour faire face à toutes les dépenses nécessitées pour les collections d'histoire naturelle. Disposition sage et bienveillante dont ses collaborateurs lui ont su un gré infini et qui a tourné à l'avantage de l'expédition.

M. d'Urville, au retour de son voyage, lut à l'académie des sciences, dans sa séance du 11 Mai 1829, le compte-rendu de ses travaux (Journal des voyages, tom. 42, pag. 150). Il en a donné un extrait dans la notice qu'il a publiée en décembre 1829, relativement à ses titres pour arriver à l'Institut. Nous allons transcrire en entier les propres expressions de son mémoire, car le style c'est l'homme.

« Il part en Avril 1826, après être resté un an « à peine à terre. Maître de ses volontés, il im- « prime une direction toute nouvelle à ses opé- « rations. Entouré d'une foule d'officiers de son « choix, d'un mérite supérieur, et pour la plu- « part associés à sa fortune depuis dix ou douze « ans, il prend pour modèle les admirables travaux « de M. d'Entrecasteaux, dans ces mers lointaines « et encore si peu connues. Les instructions du ca-

« pitaine d'Urville avaient été dressées, d'aprés son « propre plan, par M. de Rossel, l'un des plus il« lustres compagnons de ce grand navigateur. M. « d'Urville met tous ses soins à les suivre de point « en point, et malgré les nombreux obstacles contre « lesquel il eut à lutter, sa conscience lui rend « le témoignage qu'il les a remplies dans leur plus « grande étendue. Jetons maintenant un aperçu ra« pide sur la marche et les résultats de ce voyage « sous le rapport de la géographie et de la naviga« tion seulement.

« Les plans des îles sauvages, de l'ile de Mai, de « la côte du Sud de Santiago et de l'île de la Trinité, « signalent le début de la campagne dans l'Océan « Atlantique. La Nouvelle Hollande voit s'exécuter « le plan complet du port du roi Georges, des « deux hâvres de la Princesse-Royale et aux Huîtres, « celui de Port-Western, de la baie Jervis, et « toute la carte d'une partie du détroit de Bass, « et de quarante lieues de côtes de la Nouvelle « Galles du Sud jusqu'alors mal figurées.

« L'exploration détaillée de la Nouvelle-Zélande « est entamée au cap Foulwinde, de Cook ; et pour« suivie sans relâche jusqu'au cap Nord, dans « un développement de plus de quatre cent-cin« quante lieues de côtes. Chaque jour de nom« breuses stations hydrographiques accompagnées « d'observations astronomiques assurent l'exactitude « de ce travail dans lequel les nuits passées en

« panne ou aux petits bords empêchent les lacunes.
« On découvre une baie de près de quatre-vingt
« milles de circuit, des canaux, des mouillages
« et dix à douze îles qui avaient échappé à l'im-
« mortel Cook. Six grandes cartes détaillées et cinq
« plans de ports sont consacrés à cette partie du
« Monde.

« L'*Astrolabe* relâche à Tonga-Tabou où les mal-
« heurs qu'elle éprouve la force à faire un séjour
« plus long qu'on ne le comptait. Ce temps est
« mis à profit pour faire un nouveau plan de l'île
« et de ses récifs.

« La corvette s'engage ensuite dans le dange-
« reux labyrinthe des îles Viti, (communément Fidji)
« plus de cent-vingt îles et îllettes, dont vingt à trente
« jusqu'alors inconnues, et toutes les autres fort
« incorrectement placées, sont reconnues, fixées en
« position et souvent tracées en entier sur une
« carte générale.

« L'existence, jusqu'alors équivoque, des îles
« Loyalty est enfin constatée. L'*Astrolabe* y découvre
« trois grandes îles dont on trace la configuration,
« ainsi que celle de sept à huit autres plus pe-
« tites, et de deux brisants éloignés de toutes
« terres, et fort dangereux.

« La côte S. E. de l'île de Rossel est recon-
« nue et le cap de la Délivrance, de Bougainville,
« fixé pour la première fois sur la carte; le plan
« des îles Laughlan est levé; on découvre encore
« à quelque distance un petit îlot isolé.

« Malgré un temps affreux et à travers mille « dangers la côte méridionale de la Nouvelle-Breta- « gne, dans une étendue de cent lieues, environ, est « reconnue. Plusieurs îles sont encore découvertes « le long de cette côte, et notamment le groupe « des îles d'Angoulême.

« Dégagée du périlleux détroit de Dampier, « l'*Astrolabe* paraît sur la côte septentrionale « de la Nouvelle-Guinée et en fait la géographie « dans une étendue de quatre cens lieues environ. « Cinq cartes à très-grand point constatent ce tra- « vail. Outre les îles déjà vaguement signalées par « divers navigateurs très-anciens, douze ou quinze « autres îles plus rapprochées de terre sont dé- « couvertes.

« L'*Astrolabe* traverse les Moluques et fait le « tour de la Nouvelle-Hollande pour reprendre « ses explorations dans les îles de la mer du Sud. « Mais à Hobart-Town on a la première nouvelle « des découvertes de Dillon à Vanikoro. Bien qu'elles « fussent traitées de fable par les autorités les plus « respectables de la colonie, M. d'Urville, attentif « aux instructions spéciales du ministère sur la « recherche des traces du célèbre et malheureux « La Pérouse, croit devoir vérifier la source des ré- « cits du capitaine Dillon et il se dirige immé- « diatement sur les parages où il espère découvrir « l'île annoncée par ce marin.

« Chemin faisant il reconnaît les îles Norfolk,

« le rocher Mathews, qu'il trouve en état d'i-
« gnition, Erronan, Fratouka, Assouda, Tiko-
« pia, et paraît enfin devant Vanikoro. Ici tous les
« doutes sont levés, le naufrage de l'infortuné La
« Pérouse est constaté. De précieux débris sont
« arrachés au récif et au nom de la France en-
« tière les honneurs funèbres sont rendus à l'il-
« lustre navigateur et à tous ses compagnons
« d'infortune. L'*Astrolabe* poursuit ses travaux,
« mais une fièvre dévorante sévit contre l'équi-
« page dont huit à dix personnes seulement res-
« tent sur pied. On se dirige vers les Mariannes;
« sur la route on fait encore d'importantes recon-
« naissances. On explore surtout toute la partie
« du vent du groupe Doublon, dont la *Coquille*
« n'avait vu que la bande de dessous le vent.

« Partie de Guam, l'*Astrolabe* parcourt la partie
« la moins connue des Carolines occidentales, si-
« gnale plusieurs îles nouvelles et reconnaît encore
« Yap, Matelotas et les îles Pelew.

« Rejetée sur la Nouvelle Guinée par le vent et
« les courants, l'expédition lie les opérations de
« cette année avec celles de l'année précédente et
« celles de d'Entrecasteaux. Les groupes dangereux
« d'Ayou Baba et d'Asia sont explorés; la corvette
« mouille pour la seconde fois à Amboine.

« Un voyage à Manado, sur l'île Célèbes, donne
« la géographie du détroit des Moluques, du canal
« de Banka et de la rade de Menado. Enfin l'*Astro-*

« *labe* traverse les îles de la Sonde et reprend le « chemin de l'Europe.

« En résumé, l'expédition de M. d'Urville procure « à la géographie et à la navigation la connaissance « positive et détaillée de plus de mille lieues des « côtes les moins connues du globe, sur la Nouvelle- « Zélande, la Nouvelle-Bretagne et la nouvelle- « Guinée ; elle assure la position de près de deux « cents îles ou îlots, dont soixante-dix ou quatre- « vingts n'avaient encore figuré sur aucune carte.

« Tous ces documents sont consacrés par soixante- « cinq cartes ou plans, dont soixante sont dressées « entièrement. Huit sont déjà gravées, le reste peut « l'être, si l'on veut, dans le cours de l'année pro- « chaine.

« Le jugement de M. de Rossel sur les travaux de « l'*Astrolabe* est connu ; on sait combien ce savant « hydrographe était scrupuleux sur une matière « aussi délicate et qui importe autant à la sûreté « des navigateurs. Dans sept ou huit longues séan- « ces consécutives, il s'était donné la peine de re- « passer lui-même, avec le capitaine d'Urville et « M. Jacquinot, son second, les éléments des lon- « gitudes, pour vérifier leur exactitude. D'ailleurs « toutes ces cartes peuvent être de nouveau soumi- « ses au jugement de MM. les membres de l'Acadé- « mie qui désireraient les examiner.

« Les récoltes d'objets d'histoire naturelle en tout « genre ont été déposées au muséum royal d'his-

« toire naturelle, et les savants directeurs de cet « établissement ont émis leur opinion sur le prix « de ces nouvelles recherches. Enfin les observa- « tions de physique et surtout la suite des expé- « riences de température à diverses profondeurs « sous-marines, exécutées avec tout le soin et le « succès possible, ont été remises aux mains de « M. Arago; cet astronome célèbre a bien voulu se « charger d'en discuter lui-même les résultats. »

M. de Rossel fit à l'Académie des sciences, dans la séance du 17 août 1829, un rapport sur la partie hydrographique du voyage et s'exprima dans les termes les plus louangeurs sur les beaux résultats de cette campagne. M. Cuvier vint à son tour payer un tribut d'éloges aux collections zoologiques, dans la séance du 29 octobre; puis M. Cordier, le 16 novembre, pour les matériaux géologiques, et enfin M. Desfontaines, le 30 du même mois, pour les récoltes botaniques. Dans ses divers rapports la part du chef est immense sans doute, comme cela était naturel, mais celle de ses compagnons est faite avec une grande équité et dans les termes les plus flatteurs.

Un avancement légitime, vivement sollicité par M. d'Urville, vint récompenser quelques-uns des officiers ou des marins de l'*Astrolabe*, et le chef de l'expédition reçut lui-même sa nomination au grade de capitaine de vaisseau, le 8 août 1829.

Maintenant jetons un coup d'œil sur les résultats de ce beau voyage. Les campagnes d'exploration dans la mer du Sud n'ont plus le prestige qu'elles avaient dans le 17ᵉ et le 18ᵉ siècle. C'est par la précision de leurs relèvements hydrographiques, par l'exactitude des cartes qu'elles dressent, par la perfection des observations astronomiques, qu'elles se distinguent éminemment de celles qui les ont précédées. Les premiers voyageurs eurent le bonheur de voir surgir, sous la quille de leurs vaisseaux, de ces archipels inconnus, peuplés de nations intéressantes et nouvelles, dont les mœurs, dès la première vue, fournissaient à leurs narrations un charme tenant du roman. Tels furent les avantages immenses de Bougainville, de Wallis, de Carteret, de Cook, etc., dont les voyages sont popularisés dans le monde entier. Mais les navigateurs modernes ne peuvent plus que glaner sur cette vaste surface du grand Océan sillonné dans tous les sens, et où quelques petites îles seules, ont pu se dérober aux scrutateurs envoyés exprès ou aux navires armés commercialement. La navigation n'en est pas moins épineuse : il faut s'engager le long de côtes hérissées de récifs ; suivre avec persévérance et efforts tous ces contours semés d'écueils, pour donner des cartes estimables. Que de terres connues sous l'équateur, quant à leur masse, mais ignorées quant à leurs délimitations? ces travaux épineux et rudes sont entravés souvent par les tempêtes qui viennent jeter à la côte les navires ; par les maladies qui moissonnent les équipages et par une foule de ces accidents que présentent des parages peuplés par des races farouches et guerroyantes !

L'attrait de la nouveauté dans la peinture des mœurs si opposées aux nôtres , s'est ralenti , parce que ce ne sont que des tableaux déjà connus que l'on peut reproduire, et ils ne diffèrent des premiers que par une plus grande perfection de détails , par des renseignements plus certains ; mais cela ne suffit plus pour raviver la curiosité générale. Aussi pour la masse du public devient-il difficile de distinguer les narrations écrites avec tact de celles qui pillent çà et là leurs documents et les donnent comme l'expression d'études sérieuses faites sur les lieux (1).

Un intérêt général et profond demeurait attaché au souvenir du malheureux La Pérouse ; l'incertitude où l'on était du lieu ou ses vaisseaux avaient péri , laissait planer dans un vague mystérieux la possibilité que quelques personnes aient pu s'échapper au désastre général On aimait se bercer de l'espoir de pouvoir retrouver sur des îles inconnues quelques vivants témoignages de cette funeste catastrophe De sourdes rumeurs venaient de temps à autre rappeler l'attention sur ce triste drame , et rien sans contredit n'était plus national que l'arme-

(1) Plusieurs voyages publiés à grands frais récemment, sont le résultat de plagiats tellement transparents, qu'il serait possible de restituer à qui de droit , telles pages , telles idées dont on s'est approprié le mérite.

ment d'un vaisseau pour s'occuper de cette recherche, malgré l'insuccès de la mission de d'Entrecasteaux, entreprise uniquement dans ce but. Chacun sait la récompense accordée par la France au capitaine Dillon, pour avoir le premier découvert la terre où gisaient les restes des deux frégates françaises, mais on doit aussi associer M. d'Urville au mérite de cette entreprise par l'indication précise des lieux où les bâtiments avaient coulé. Il appareilla de Hobart-Town pour se diriger sur l'île de Vanikoro où il jetta l'ancre le 21 février 1828 et c'est sur les récifs de Paiou et de Varou qu'il recueillit une ancre de 900 kilog., des pierriers en cuivre, un canon en fonte, etc. ; preuves que là s'étaient brisées sous le choc d'une mer en furie, les frégates françaises. Ne pouvant retrouver aucun individu ayant survécu à cet affreux naufrage, il éleva un monument à la mémoire de la Pérouse et de ses infortunés compagnons. Il faut lire dans M. d'Urville les détails de ce drame lugubre tels qu'il les a obtenus de la bouche des naturels et tels qu'il les a consignés dans sa narration.

Jaloux de faire jouir le public, dans un bref délai, des fruits de son exploration, M. d'Urville se mit à l'œuvre, aussitôt que le gouvernement eût prescrit la publication de son voyage. Les dix demi-tômes de la relation historique, formant cinq volumes, parurent succcssivement et sans retard, dans le format in 8°. M. d'Urville conserva à cette publication la forme de journal qui lui permettait de mettre sous presse au fur et à mesure qu'il transcrivait et donnait une dernière révision aux notes qu'il avait rédigées jour par jour durant la campagne. Si le journal a l'avantage de ne présenter que les observations du voyageur, dégagées le plus possible des réminiscences de ses prédécesseurs, cette forme a aussi l'inconvénient d'introduire dans le récit une foule de détails oiseux et de répétitions inutiles. De plus, l'esprit ne saisit pas. d'une manière complète, les traits généraux de la physionomie des contrées explorées et de leur populations. Le texte de la narration historique ne comprend donc que les observations personnelles à M. d'Urville et seulement il a rejeté à la fin de chaque volume de courts extraits des journaux de MM. Quoy, Gaimard, etc. Deux volumes, intitulés philologie, sont consacrés à une série de vocabulaires des langues madécasses et océaniennes, et près de 250 planches lythographiées, formant deux volumes in-folio, constituent l'atlas qui accompagne le texte, de même qu'un volume, grand in-folio est consacré à la partie purement hydrographique.

Pendant que M. d'Urville mettait au jour cette masse étonnante de documents, (1) MM. Quoy et Gaimard livraient aux savants six demi-volumes de descriptions zoologiques accompagnés de deux ad-

(1) Ce voyage est le titre le plus réel à la réputation de M. d'Urville.

mirables atlas in-folio, où les figures nouvelles sont aussi belles que nombreuses, et comprennent des mammifères, des oiseaux, des reptiles, des mollusques et des zoophytes. Ces planches sont un monument impérissable de la campagne, elles forment un musée où les hommes de science iront fouiller pendant longtemps.

Deux volumes d'entomologie avec leurs planches, ont été rédigés par le docteur Boisduval, et deux volumes de botanique, accompagnés de figures gravées ont été rédigés par MM. A Richard et Adolphe Lesson.

Les résultats du voyage de l'*Astrolabe* sont vraiment étonnants, aujourd'hui que nous les envisageons avec calme et sans passion : ils sont pour notre patrie un titre glorieux ; elle peut les citer avec éloges, car les voyages qu'entreprend la France sont purs de tout calcul d'égoïsme. Elle aime à en faire jouir libéralement les autres nations. Disons cependant que ces beaux travaux ne furent pas toujours, à leur début, accueillis avec impartialité ; des critiques sourdes se firent jour suivant l'usage et leurs injustices irritèrent plus d'une fois M. d'Urville dont l'allure était trop rude, le cœur trop indépendant et l'orgueil trop irritable pour ne pas lui avoir fait de ces ennemis obscurs qui agissent dans l'ombre et qui ont tant de pouvoir dans les grandes villes. On lui reprochait son style froid, diffus, personnel ; on blâmait ses descriptions trop fréquentes de tempêtes et de dangers, qui apparaissent souvent dans le cours de sa narration (1). Des officiers de marine ne se gênaient pas pour dire qu'il n'était pas marin, qu'il ne savait pas manœuvrer un navire, et mille lardons de cette sorte lui arrivaient de toute part et lui faisaient amasser dans son âme des flots d'amertume que nous verrons bientôt déborder. Je ne connais rien de cruel pour l'homme qui use ses forces dans de grandes entreprises, dans de grands travaux, que ces menées ténébreuses de gens souvent incapables de rien entreprendre et qui ne cessent d'aboyer sur ceux qu'ils sentent propres à faire des choses peu ordinaires. C'est sans contredit une des grandes infirmités de l'espèce humaine, et puis on dresse des statues après leur mort à ceux que l'on a poursuivi de criailleries pendant qu'ils étaient vivants (2)!

(1) M. d'Urville a eu le grand tort de chercher à frapper de discrédit le voyage de la *Coquille*. La plupart des écrivains ont pris au pied de la lettre les phrases auxquelles il ne donnait pas une valeur exacte : ainsi M. Froberg, l'auteur du mémoire couronné sur la vie de l'amiral, dit en propres termes « Le voyage de la *Coquille* n'avait été, « si j'ose le dire, qu'une promenade autour du monde. Celui de l'*As*- « *trolabe* fut une lutte presque continuelle avec des obstacles et des « périls de toute espèce »

M. d'Urville savait parfaitement que dans l'intérieur de la France, et surtout à Paris, on est dans une ignorance crasse de ce qui se passe dans le cours de la navigation. On ne fera croire à aucune personne instruite, que le ciel ait conservé son calme et sa splendeur pour la *Coquille* seule, pendant trois années, et lorsque ce navire doublait les trois caps austraux et contournait la Nouvelle-Hollande et la terre de Diémen par le Sud. La *Coquille* a éprouvé de ces tempêtes qui ont nécessité des capes de quinze jours et une fois a manqué sombrer sous voile, sous les efforts d'un *pampero* qui l'avait surprise. Enfin si elle a eu de beaux jours, elle en a compté un plus grand nombre de mauvais. En exécutant 25,000 lieues, la *Coquille* n'a pas un seul instant cessé de naviguer dans les parages réputés les plus dangereux de la mer du Sud.

(2) Je ne sais si c'est à M. Lebrun que M. Bourdon doit les renseignements qui viennent légitimer ce que j'avançais ici d'une manière

Que de fois dans l'intimité il lui échappait de dire : Je suis tenté de tout abandonner ici et d'aller me retirer dans la Juliade, pour y vivre en bon cultivateur provençal (1). Parmi les admirations désintéressées que M. d'Urville avait inspirées, il en est une qui s'est montrée constamment dévouée, c'est celle de M. Isidore Le Brun, qui prenait un grand soin de tenir le monde littéraire au courant des travaux de son compatriote, et qui publiait avec le dévouement le plus absolu, les moindres détails sur son héros favori.

Le nom de M. d'Urville avait grandi, et ce nom avait acquis une prépondérance incontestée dans une certaine portion du public, aussi lorsqu'une place vint à vaquer à l'institut par la mort de M. de Rossel, on vit M. d'Urville se mettre sur les rangs et publier une courte notice sur ses travaux,

générale. Dans le dict. de la conversation (article Dumont, p. 282), on lit : « Condé-sur-Noireau, qui avait pendant la révolution forcé madame d'Urville la mère à chercher un asile hors de ses murs et qui l'avait persécutée ; Condé où il n'alla jamais (M. d'Urville); qui de son vivant ne lui prodigua que des sarcasmes, des tracasseries et des menaces de procès, se hâta de se glorifier de l'amiral après sa mort en décorant du nom de d'Urvile une de ses rues et lui élevant une statue. »

C'est le 20 octobre 1844 qu'a eu lieu l'inauguration de ce bronze. L'amiral est fort ressemblant de pose et de physionomie, et est en costume d'officier-général. Il appuie une de ses mains sur des livres et une carte ouverte, et à ses pieds sont les attributs de la navigation et de la guerre. Ainsi s'est vérifié cette parole prophétique du jeune d'Urville, *ma ville natale me devra son illustration.*

(1) Pendant le voyage de l'amiral, madame d'Urville économisa sur les délégations de son mari une vingtaine de mille francs avec lesquels elle acheta aux abords de Toulon, une maison de campagne, ou ce que les provençaux appellent une *bastide*, qu'elle offrit à M. d'Urville le surlendemain de son arrivée en France, et qui reçut le nom de *Juliade*, en l'honneur du fils dont elle était devenue mère.

notice dont nous avons copié un fragment : c'était en décembre 1829. L'amiral Roussin lui fut préféré, et M. d'Urville en éprouva une contrariété tellement vive qu'elle le rendit injuste envers son compétiteur, marin connu par de bons travaux hydrographiques, et certainement un des amiraux distingués de la marine française. La place de M. d'Urville était marquée à l'institut, à la section de navigation, comme celle de M. Duperrey l'est indubitablement (1); il ne s'agissait donc pour lui que d'attendre; mais M. d'Urville se croyait alors victime des bruits dont nous avons parlé, et les blessures qu'il en avait reçues se ravivèrent et restèrent long-temps saignantes. Toutefois, avant sa présentation à l'institut, il avait publié, chez M. Tastu, un mémoire fort intéressant sur les îles Loyalty, mais de son voyage, le tome premier seul avait vu le jour, l'opinion générale n'avait pu alors apprécier avec rectitude ses travaux, puisqu'elle ne les connaissait que par de courtes analyses.

Jetons un coup-d'œil sur la partie philosophique des écrits de M. d'Urville. Sa narration froidement écrite n'a pas ce charme et ce piquant qu'on trouve dans les pages des deux Forster; l'allure propre à notre navigateur, ainsi qu'il l'avoue lui-même, c'est la fidélité dans le narré de ce qu'il

(1) Ceci a été écrit en 1843. M. Duperrey a été nommé depuis membre de l'Institut en remplacement de M de Freycinet.

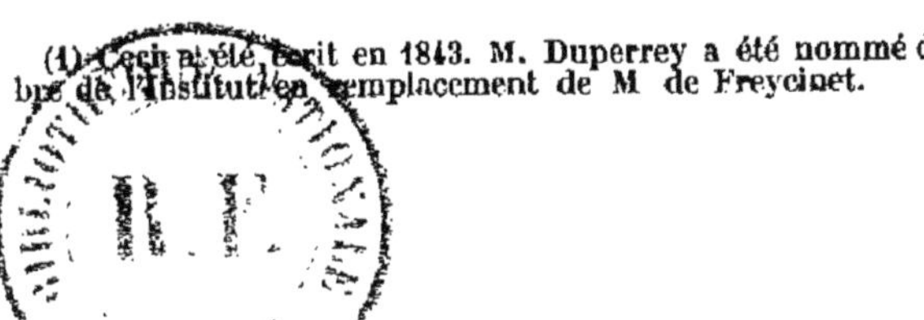

a vu, il ne vise point à l'effet, laisse courir sa sa plume et semble causer avec son lecteur. (1) Ses appréciations conservent une sorte de roideur et il raconte avec une franchise, parfois trop nue, ce qu'on lui a dit, ce qu'il a vu. L'imagination vient rarement embellir ses tableaux, mais ou il excelle, c'est à réunir en faisceaux les documents laissés par ses devanciers et dont il forme un tout satisfaisant. Son histoire des établissements formés par les Anglais dans la mer du sud, son essai et sa chronique de la Nouvelle-Zélande, sont des sources précieuses de documents qu'on ne trouve nulle part plus amplement développés. M. d'Urville a fait entrer dans son essai le texte du journal qu'il a tenu pendant le voyage de la *Coquille* et toute la partie historique de son poème en prose des nouveaux Zélandais. On lui a maintes fois reproché d'avoir consacré des volumes à la traduction des documents que les Anglais avaient déjà publiés dans un livre intitulé *New-Zelanders* et ce reproche n'est pas sans fondement. La partie philologique de son voyage ne répond pas non plus à son titre ; ce sont des vocabulaires qu'il a publiés en plaçant à la suite les unes des autres

(1) M. d'Urville avait une manière de voir facheuse pour la rédaction d'une narration de voyage. Il n'admettait comme digne de croyance que les pages froidement écrites. Il taxait de mensonge tout récit coloré et chaud de style. Cette opinion est partagée par bien des personnes, mais très-à tort suivant moi. L'intelligence qui apprécie et juge les phénomènes et les faits qui s'accomplissent dans le cours d'une campagne, peut les bien juger tout en les revêtant du prestige et des charmes du style, tout comme un observateur sans sagacité peut commettre les plus graves erreurs en écrivant lourdement sur ce qu'il voit sans en bien comprendre les rapports.

des listes de mots recueillis par ses compagnons ou par lui, et la grammaire et les dictionnaires madécasses, qui forment un gros volume, ne se rattachent par rien à son voyage. Ces documents en effet avaient été rassemblés par d'anciens voyageurs et se trouvaient étrangers à l'expédition ; ils auraient pu être imprimés à part sans inconvénient. J'avais déjà publié moi-même (1) une partie d'entre eux et je m'étais bien gardé de les insérer dans la relation officielle de notre voyage, ni même dans ma propre relation.

Mais à cela près de ces légères taches, que de résultats importants ce voyage a produits? Que de lumières sur les mœurs et sur les habitudes des peuplades que l'expédition a visitées! Quelle belle exécution de cartes si nombreuses dressées pendant la campagne! quelle masse de faits pour la philosophie naturelle ; quelle source plus variée de documents de toutes sortes! Le voyage de l'*Astrolabe* sera pour M. d'Urville son titre le plus sérieux pour jouir d'une réputation de marin habile et de navigateur entreprenant.

M. d'Urville, pendant toute la durée du voyage de la *Coquille*, avait joui d'une santé parfaite, à part le mal de mer qui venait l'assaillir chaque fois que nous éprouvions des gros temps ; mais dans la

(1) La grammaire et le vocabulaire madécasses ont été rédigés par le docteur Chapelier, mort à Madagascar. A mon passage à l'île de France, ces deux manuscrits me furent donnés par M. Desnoyers, médecin, aujourd'hui fixé à Vezelay. J'ai publié la grammaire, dans les *Annales maritimes*, année 1827, p. 90 et suivantes.

campagne de l'*Astrolabe* il se ressentit de la goutte, et sa constitution fut ébranlée par les vicissitudes de sa longue navigation. Ses courses cessèrent d'avoir l'activité de la première campagne. Si son costume de chef laissa beaucoup à désirer (1), il tint davantage au décorum dans les relâches, et sous ce rapport il sentit le besoin de moins donner prise aux équivoques. Il se montrait jaloux de l'autocratie de son autorité, mais à cela près il prenait un vif intérêt à tout ce qui intéressait le bien-être de l'équipage qui lui était confié. La tolérance pour les communications avec la terre était fort grande, et le service assuré à bord, il laissait une grande latitude à ses officiers. Il tenait peu à fatiguer les matelots par des voyages répétés, évitait les travaux inutiles et prenait les plus grands soins à ce que les vivres fussent abondants et de bonne qualité.

M. d'Urville était occupé à Paris à la publication de son voyage lorsque la révolution de juillet 1830 vint arrêter, pour quelques temps ses travaux. Cet évènement d'une immense portée et qui déracinait la vieille souche des Bourbons pour la remplacer par la tige d'Orléans, exalta bien des têtes, fit naître de grandes espérances et M. d'Urville n'échappa point aux exacerbations de cette fiévreuse

(1) Dans son troisième voyage, M. d'Urville a dit lui-même (t. 3, p. 140) « L'envoyé de l'Aka-riki de Manga-Reva demanda l'Ariki des Français ; sans doute il eut peine à reconnaître le puissant chef qu'il cherchait, sous le costume négligé dont j'étais revêtu, car il répéta jusqu'à trois fois sa demande ; enfin, quand il ne put conserver plus long-temps ses doutes, etc. »

époque. Il suivait avec anxiété les diverses phases de ce drame des rues, car nous assistâmes ensemble à la plupart des épisodes sauglans de cette lutte des trois jours, nous nous trouvions même à la prise de la caserne de Babylone, à peu de distance du lieu de l'attaque, lorsqu'il s'ouvrit à moi en me faisant part de ses hésitations pour aller s'installer au ministère de la marine, au nom du pouvoir populaire. Il s'y décida le cinquième jour, mais il était trop tard; déja, M. Tupinier avait pris la direction du ministère en qualité de commissaire délégué par le gouvernement de l'hôtel-de-ville. M. d'Urville, à partir de cette époque, se prononça pour les opinions les plus avancées du mouvement et ne tarda pas à échanger une correspondance publique (1) avec le chef du personnel contre lequel il nourrissait une vive rancune née de la préférence qu'on lui avait accordée récemment en le nommant à la place de l'institut qu'il ambitionnait; mais il ne tarda pas à revenir à des sentimens plus équitables, en detruisant les traces de ce fâcheux incident; en cherchant à en effacer le souvenir.

Une grave circonstance vint s'offrir de payer sa dette aux idées nouvelles qu'il avait embrassées avec ardeur. Charles X renversé du trône par le torrent populaire, allait revoir une seconde fois

(1) Les lettres parurent dans un journal de la Normandie.

la terre d'exil ; le navire américain qui allait transporter à Holyrood les débris vivants d'une grande catastrophe, attendait à Cherbourg les naufragés de la royauté. M. d'Urville accepta la mission difficile de monter les navires (1) qui transportaient Charles X et sa famille, et ce contact dût lui coûter, car il y avait peu de temps qu'il avait reçu du vieux roi son brevet de capitaine de vaisseau, mais m'a-t-il dit à ce sujet : *J'entendais la voix de la patrie qui me poussait à ne pas faillir à ce qu'elle attendait de moi.* M. d'Urville avait pour aide-de-camp M. Lottin, et la corvette la *Seine* qui servait de conserve aux bâtiments étrangers, était commandée par un capitaine de frégate brave et qui avait reçu de M. d'Urville cet ordre laconique : *Si le navire que je monte avec le roi, cherche par une fausse manœuvre à s'échapper, vous le coulerez immédiatement.* On a fait de graves reproches à M. d'Urville à ce sujet (2) ; on a semblé oublier que les passions politiques ont aussi parfois leur entrainement, et que l'évènement, est encore trop près de nous pour qu'il puisse être jugé avec l'impartialité désirable. De retour en France, après cette mis-

(1) Le *Great Britain* et le *Charles Caroll.*

(2) Ceci est une affaire de sentiment Je sais qu'à la place de M. d'Urville, venant d'être l'objet d'une haute récompense, j'aurai laissé à un autre la triste mission de rejetter de la France le vaincu de juillet ; mais cela prouve que M. d'Urville marchait philosophiquement vers l'avancement sans se préoccuper des affaires de sentiment Avec cette maxime et le mot patrie on arrive sous toutes les formes que revêt l'état social. Ceci est une réponse aux réflexions de M Massot, relatives à mon mémoire, p. II.

sion de confiance, M. d'Urville s'attendait à être fait contre-amiral, ou au moins aide-de-camp du nouveau roi, il ressentit un profond dépit de l'oubli dans lequel on le laissait et se remit à ses travaux littéraires, non sans exhaler parfois avec véhémence les sentiments qui débordaient son âme après un espoir trompé. Il faut avouer aussi que quelques ministres, M. de Rigny entre autres, prirent à tâche de lui faire subir de ces mortifications qu'un homme trempé comme d'Urville ne pouvait recevoir sans murmures.

M. d'Urville, de 1830 à 1835, s'absorba dans les soins à donner aux livraisons de son voyage qui se succédaient avec rapidité, et mit au jour quelques écrits auxquels il est juste de consacrer un rapide examen. Le plus célèbre des mémoires qu'il a publiés, celui qui a eu le plus de retentissement et dont les géographes ont adopté les vues, porte la date du 27 décembre 1831 et se trouve inséré dans le numéro 105 du bulletin de la société de géographie, il est intitulé : *Mémoire sur les îles du grand Océan.*

Dans le voyage de la *Coquille* je m'étais spécialement occupé de l'étude des races humaines répandues dans l'Océanie. J'avais tenu M. d'Urville au courant de mes idées, mais comme celui-ci n'avait jamais étudié l'anatomie, et qu'il était très-peu versé en zoologie, il adopta volontiers la plupart des vues que je lui expliquais alors que nous avions les naturels sous les yeux. Je lui avais laissé entre les mains le mémoire manuscrit que j'ai publié en 1826, dans la relation zoologique et qu'on trouve reproduit dans mon voyage médical, imprimé en 1829 (p. 153 et 230), et j'étais arrivé à reconnaître trois races comprenant cinq rameaux répandus sur les terres de la Malaisie, de l'Océanie, des Carolines, de la Papouasie, de l'Australie et de la Tasmanie. Les *Malais*, sur les rivages des grandes îles de l'est; les *Océaniens* sur les îles de la mer du sud; les *Carolins*, dans les îles les plus occidentales; les *Cafro-Madécasses* ou *Papous*, sur la Nouvelle-Guinée et les terres environnantes; les *Alfourous* ou races noirâtres, dans l'intérieur de la Papouasie et sur le continent de la Nouvelle-Hollande.

Ce mémoire destiné d'abord à la société de géographie qui avait mis au concours la dispersion des races sur la surface du grand Océan, donna à M. d'Urville l'idée d'arrêter les bases géographiques de ses délimitations de races. Comme moi il appela Océanie l'ensemble des îles éparses dans ce qu'on appelle l'Océan-Pacifique, mais il réserva le nom de Polynésie à sa portion orientale; appela Micronésie la partie septentrionale, conserva le nom de Malaisie, proposé par moi, pour la région occidentale et forgea la dénomination de *Mélanésie* pour la région australe, plus connue des Anglais sous le nom d'Australie ou d'Australasie. Dans sa Polynésie vit la race océanienne; dans sa Micronésie, sa seconde race cuivrée, celle que j'ai nommée Mongols-Pélagiens ; dans la Malaisie, la race Malaise de tous les auteurs ; dans la Mélanésie, la race noire de Bory, ou ma race fuligineuse. Or, dans ce travail, qui prouve au reste que M. d'Urville savait s'occuper de matières diverses, aucuns faits neufs ne sont signalés, il n'en résulte que quelques noms nouveaux, euphoniques et ingénieux, mais contestables (1).

Le 5 novembre 1830, M. d'Urville lut à la société de géographie de Paris un rapport sur un projet de voyage, présenté à cette société par M. Buckingham ; ce rapport a été imprimé chez Everat et comprend 29 pages in-8°.

M. d'Urville discute avec cette habilité pratique que lui donnait l'expérience, toutes les chances de réussite ou d'insuccès dont la réalisation de ce plan de campagne était susceptible. M. Buckingham en effet ne se proposait rien moins que d'entreprendre un voyage de découvertes, sur une grande échelle, par voie de souscription. Il avait l'intention de perfectionner la géographie, de faire des collections dans l'intérêt des sciences ; d'ouvrir de nouveaux débouchés aux fabriques d'Europe ; d'introduire nos arts

(1) Dans la plupart des livres publiés sur l'etnographie, on cite exclusivement le travail de M. d'Urville. Comment se fait-il que MM. Mertens Balbi, Flourens, etc., soient les seuls qui m'aient accordé pour esprit de justice, la priorité de la distinction de ces races. M. d'Urville ne peut réclamer dans son mémoire, comme choses nouvelles, que les mots Mélanésie et Micronésie. C'est peu sans doute pour servir d'autorité aux naturalistes qui ont publié des recherches sur les races humaines. Dans le troisième voyage de l'amiral, il n'est question nulle part de nouvelles recherches sur ce sujet. Cette tâche a été trop bien remplie par M. Dumoulin, et sous ce rapport les types en platres rapportés par l'expédition sont du plus haut intérêt pour la science.

et nos métiers dans les îles de la mer du Sud ; d'y fonder des établissements, et de ramener de chaque contrée des enfants pour les façonner aux mœurs de la vieille Europe. Projet admirable dans le silence du cabinet et sur le papier, mais utopie dans la réalité et dans la réalisation de l'ensemble.

M. d'Urville indique à ce sujet qu'elles avaient été les vues et les moyens d'action des navigateurs, tels que Bougainville, Cook, La Pérouse, Vancouver, d'Entrecasteaux, Baudin et Flinders, etc., etc., et met sous les yeux du lecteur les résultats de ces expéditions faites par des nations puissantes et exécutées par des hommes de génie et de courage. M. d'Urville toutefois ne s'occupe que de la partie géographique du projetqu'il trouve très-sage et d'*une exécution praticable*. M. Buckingham projettait en effet de conduire les deux navires de son expédition au Bengale, puis à la Chine, ensuite sur les côtes de la Corée et du Japon, aux îles Kouriles et Liou-Tchou, aux Philippines et sur les côtes méridionales de la Nouvelle-Guinée et de Bornéo. M. d'Urville ajoute diverses relâches qui seraient intéressantes à faire dans les archipels des Vitis, des Nouvelles-Hébrides, de Salomon, etc. Ce projet de voyage, qui devait durer cinq ans, n'a pas eu d'exécution (1).

(1) Nous nous sommes beaucoup occupés, de Blosseville et moi, de 1829 à 1831, d'un projet de voyage de découvertes, car dans notre croyance il y avait encore de magnifiques résultats à obtenir. De Blosseville en partant sur la *Lilloise* renonça à ce projet et moi-même je ne lui donnai aucune suite par la crainte qu'on ne se méprit sur mes intentions. On

En avril 1831, M. d'Urville publia dans le bulletin de la même société un rapport sur le voyage du capitaine Beechey, au détroit de Behring, dans les années 1826 et 1827. Ce rapport est précédé d'une comparaison sur les procédés suivis, soit en France, soit en Angleterre, pour la publication des voyages accomplis par les marines de ces deux puissances ; on y retrouve l'opinion que M. d'Urville s'était faite, et dont il ne s'est pas départi, de publier dans le plus bref délai, afin de ne pas laisser refroidir l'attente du public. M. d'Urville analyse dans ce travail le voyage de l'habile navigateur anglais ; relate l'épisode des révoltés du Beunty s'établissant sur l'île Pitcairn ; décrit la relâche sur les îles Mangareva ou Gambier, dont les populations ont été conquises au christianisme dans ces dernières années par les missionnaires français (1) Nous ne suivrons pas M.

fait d'un officier de marine un diplomate, un gouverneur, un administrateur civil, etc., etc., mais un officier de santé eut été peut-être mal reçu à présenter un canevas de voyage à exécuter. On ne peut ignorer cependant que c'est Jan-Van-Riebeck, chirurgien de la marine hollandaise, qui fonda la colonie du cap de Bonne-Espérance, en 1650, et qu'il en fut le premier gouverneur ; que c'est Bass., chirurgien de la marine anglaise, qui découvrit, avec une chaloupe, le détroit de son nom, et qui par son exploration fit sortir la colonie de la Nouvelle Galles du sud de ses étroites limites, et décida de la fondation d'Hobart-Town. J'en pourrai citer plusieurs autres. Sous ce rapport les Anglais sont nos maîtres et prennent indifféremment dans tous les corps, les aptitudes coloniales. L'île de l'Ascencion a été rendue habitable par le colonel Nichols, de l'infanterie. L'île de France avait pour sous-gouverneur un homme qui a laissé de profonds souvenirs, le docteur Tellfair, ancien médecin de la marine, etc La France avait suivi ce système quand les grandes compagnies fondèrent les colonies de l'Inde, de Saint-Domingue et des Antilles.

(1) La notice la plus complète que nous possédions sur les îles Gambier ou Mangareva, bien plus riche de détails et de faits judicieusement observés, est celle de mon frère, Adolphe Lesson, publiée par moi sous ce titre : *Voyage aux îles Mangareva*, Rochefort 1844, 1 vol in-8° de 164 pages, tiré à 100 exemplaires seulement.

d'Urville dans l'analyse de ce voyage, il nous suffira de dire qu'il résume avec beaucoup d'impartialité les travaux de Beechey, dont les relâches à Otaïti, aux Sandwich, chez les Esquimaux de la côte nord-ouest, sont enrichies d'aperçus neufs et judicieux, que M. d'Urville loue sans restriction.

C'est dans ce rapport que se trouve une phrase dont M. Arago fut blessé (p. 51) : « *J'ai été d'au-* « *tant plus satisfait de cette découverte (le refroidis-* « *sement général des mers à de grandes profondeurs)* « *que le physicien (M. Arago), chargé d'examiner* « *nos travaux les avait honorés d'une indifférence* « *complète.* » Or, pour en finir, disons que ces récriminations et d'autres, amenèrent en 1837, entre ces deux hommes éminents, une guerre de plume dont retentirent les journaux du temps ; l'article de d'Urville était virulent ; celui de M. Arago était d'une excessive dureté ; tristes débats entre deux hommes haut placés dans l'opinion et qui ne pouvaient que se donner en spectacle à un public peu éclairé en affaiblissant l'estime due à leurs talents de genre différents. Ils s'arrêtèrent à temps et se réconcilièrent même par l'influence de quelques amis communs, et M. d'Urville, au retour de son troisième voyage, se plut à rendre justice au caractère de M. Arago, en acceptant d'avance l'appréciation des résultats en physique de son expédition (1).

(1) Les débats commencèrent par un discours de M. Arago prononcé à la chambre des députés le 5 juin 1837, contre l'expédition de M. d'Ur-

J'étais encore à Paris en 1832, lorsqu'on vint me proposer de coopérer à une compilation intitulée : *Voyage pittoresque autour du monde* ; mon journal, publié en 1830, sous ce titre, n'avait eu que deux livraisons par suite de la faillite de la maison de librairie Baudouin et Gobin ; je ne pus accepter cette offre que l'on répéta auprès du docteur Quoy, qui refusa également. M. d'Urville était désireux depuis long-temps de rendre populaire la géographie de la mer du sud ; il avait même rédigé pour son propre usage des extraits des navigateurs qui l'avaient précédé dans la carrière, personne ne pouvait mieux que lui composer ce travail ingrat mais utile. Il fut combattu un instant par la crainte de placer son nom en tête d'une œuvre de pure librairie, mais enfin il se décida à signer ce livre tout en acceptant la collaboration d'un littérateur de Paris fort connu et ne se réserva que la partie technique de ce voyage fictif qui eût un succès immense sous le nom de *Voyage pittoresque autour du monde* (2 vol in-4° à doubles colonnes, publiés chez Tenré en 1834 et 1835). Ce livre, qui aurait peut être nui à la réputation nautique de M. d'Urville en d'autres temps, contribua beaucoup plus que ses grands travaux et que ses deux voyages, à la propagation de son nom, que

ville dont le plan lui paraissait mauvais. M. d'Urville fit insérer dans le *Toulonnais*, la *Gazette du Midi*, la *Presse* et le journal des *Débats*, sa fameuse lettre en réponse. M. Arago y répondit dans le *National* du 12 juillet, et M. d'Urville fit une dernière réplique qu'on peut lire avec la précédente dans les *Annales Maritimes*, p. 71 et 98. Cette polémique sort des règles ordinaires par les reproches acerbes et personnels qui y sont articulés de part et d'autre.

répétaient chaque jour les mille voix de la presse, et qui arrivait dans les provinces les plus reculées portées par des feuilles qui se succédaient sans interruption. Ce voyage fut à la fois une affaire lucrative et un prospectus qui stéréotypait son nom dans l'esprit des lecteurs de toutes les classes.

En mai 1832, M. d'Urville ayant terminé l'impression de son voyage, écrivit au ministre de la marine que rien ne le retenait plus à Paris : il reçut l'ordre d'aller rejoindre son port. M. d'Urville était alors fort mal avec l'amiral de Rigny, qui occupait le ministère à ce qu'il rapporte lui-même, et son cœur était ulcéré des passe-droits dont il se croyait victime. « Durant plus de 18 « mois je n'eus, dit-il, aucune sorte de part aux « nombreuses faveurs du ministère, et je dus me « soumettre à remplir les obscures fonctions aux- « quelles est assujeti un capitaine de vaisseau « dans le port. » En arrivant à Toulon, M. d'Urville se retira dans la petite campagne dont sa femme lui avait fait cadeau pendant une de ses explorations aventureuses. Là il vivait retiré, au milieu de ses journaux et au sein de sa famille qu'il affectionnait tendrement et à sa manière. Misanthrope, morose pour tout le monde, froissé dans ses désirs d'ambition et aspirant avec une vive ardeur au grade d'amiral, il était devenu peu communicatif, d'un commerce assez difficile pour quiconque ne lui avait pas donné des gages positifs de dévouement et d'amitié, et cependant, à part cet extérieur bourru, c'était le père le plus indulgent qu'on puisse rencontrer pour ses enfants, et le mari le moins contrariant. A entendre sa voix perçante gronder pour des vétilles, on ne se serait jamais attendu à reconnaître bientôt sous cette forme rude un bon homme, et un laisser-aller peu commun. Il a donné à sa femme des preuves éclatantes de tendresse en nommant une île de son nom d'Adèle, dans son second voyage, et en faisant plus encore dans le troisième, où une vaste terre a reçu le nom d'Adélie. On a beaucoup critiqué cette nomenclature qui tend à faire de nos cartes de géographie des idylles et qui enlève au pays, qui paie les armements dispendieux des voyages de découvertes, l'honneur de donner son nom aux grandes terres, telles que la Nouvelle-France, la Nouvelle-Orléans, etc, mais il ne faut voir ici que l'affection de M. d'Urville pour sa femme, et je laisse à chacun à discuter le principe suivant sa manière de sentir (1).

Madame Adèle Pepin était une femme douce, vertueuse, fort instruite, ayant le feu des imaginations méridionales, et portant une vive tendresse

« (1) Alors j'annonçai (rapport au ministre par M. d'Urville) aux « officiers rassemblés, en présence de l'équipage, que cette terre por- « terait désormais le nom de *terre Adélie*. Cette désignation est destinée « à perpétuer le souvenir de ma profonde reconnaissance pour la com- « pagne dévouée qui a su par trois fois consentir à une séparation « longue et douloureuse, pour me permettre d'accomplir mes projets « d'explorations lointaines. Ces pensées seules m'avaient poussé dans « la carrière maritime depuis ma plus tendre enfance, de ma part ce « n'est donc qu'un acte de justice. »

à son mari, qu'elle avait en haute estime, et à ses enfants qu'elle chérissait avec une tendresse excessivement indulgente. Son fils aîné, que M. d'Urville avait pris plaisir à former après son premier voyage, était un prodige de mémoire, et doué d'une intelligence qui lui avait fait faire des progrès immenses dans ses études. Ce fils frappé d'apoplexie, fut trouvé mort dans son lit pendant que son père était engagé dans les glaces du pôle Sud, lors de son troisième voyage. Une fille, née à Paris fut emportée par le choléra qui sévissait dans la Provence, en juin 1835. Un second fils donnait par ses talents précoces l'idée d'un être phénoménal pour l'étude des langues, et c'est ce dernier enfant, ce rejeton, que M. d'Urville soignait avec amour, que les flammes ont dévoré avec ses parents.

Les hommes qui ne jugent que sur les apparences extérieures, ont décoré du nom de misanthropie, (1) ou sauvagerie, les habitudes froides et

(1) M. Massot m'a reproché dans son compte-rendu la critique timide et fort adoucie que j'ai faite du caractère de l'amiral Il a dit que j'avais sur les yeux des verres de couleur. Je me bornerai pour me disculper à citer quelques phrases de l'article biographique dont les élémens principaux sont dûs à l'ami le plus plus dévoué que l'amiral ait eu, à M. Isidore Lebrun, et cet article est inséré dans le dictionnaire de la conversation (t. 59. p. 278.): la première notice signée Jacques Arago et l'autre écrite par M. Isidore Bourdon. M. Arago n'envisage l'amiral que sur l'ensemble de ses travaux et de sa vie, tandis que M. Bourdon. le suit dans les diverses phâses de sa carrière en accumulant les détails intimes. Cet article peint avec justesse certaines habitudes de M. d'Urville, mais il consacre aussi quelques appréciations évidemment opposées aux idées que professait le célèbre navigateur: M. Bourdon signale la *fière indépendance* et *l'isolement presque sauvage* de son modèle : Il cite ce trait particulier d'une vie qui débute en 1815 par aller tirer de l'exil la royauté future de la France, puis exécute 3 voyages autour du monde et se trouve chargé en 1830 de reconduire en exil les Bourbons de la branche ainée !

réservées de M. d'Urville, et se sont plûs à déverser le blâme sur ses récriminations. Dans les natures fortes et impressionnables les sentiments des efforts qu'elles font pour percer l'obscurité qui les étreints, jugés trop frequemment avec passion et injustice, font naître cette misanthropie qui disparaît au jour du succès ; l'amiral d'Urville, au comble de ses vœux, et voyant réaliser ses rêves d'avenir, eut été d'un commerce plus facile ; il y avait de la bonhomie dans ses habitudes et chez lui le sentiment de ses forces l'eut rendu plus accommodant dans les relations privées. Il n'était intraitable que quand il se sentait blessé; certes il eut fini, j'aime à le croire, par brûler toutes ces notes secrètes et ces pages écrites dans des jours d'aigreur et dans des heures de désappointement; il se fut raccommodé avec notre civilisation, dont il n'avait pas trop à se plaindre en définitive. A voir avec quelle facilité certains hommes arrivent aux premiers grades sans mérite qui les recommande, mais seulement poussés par la fortune, on doit

« Suivant M. I. Bourdon, la charge de bailli se trouvait exercée « dans la famille d'Urville depuis 1689. Son père en épousant une hé- « ritière de la noble famille des Croisilles, eut neuf enfants qui tous « moururent avant l'amiral, un des plus jeunes et des plus chétifs. « L'abbé de Croisilles, chanoine de Cambray, fut son précepteur. « D'Urville écrivait un journal de l'emploi de ses jours, tenu minu- « tieusement, où, dit-il, *sa vanité se décupla et où sa personnalité* « *se compliqua d'un orgueil dédaigneux.* »

« On rapporte qu'il écrivit sur son journal à l'âge de 12 ans, « *ma ville n'a encore produit aucun homme célèbre, à moi seul je ferai* « *sa gloire.* » Misantrope très susceptible, d'Urville sentait amèrement « les mauvais procédés et se vengeait parfois sur ses subordonnés des injustices de ses supérieurs. » A ces traits M. Bourdon ajoute ses goûts d'économie, et donne le chiffre de la belle fortune amassée dans les trois campagnes de l'amiral, et d'autres détails que je ne puis ni ne dois reproduire.

penser qu'un caractère aussi fier, aussi ambitieux de parvenir par de grands services, devait sans cesse se trouver humilié devant ces faveurs du jour qu'il ne pouvait comprendre.

Fatigué de son inaction, M. d'Urville adressa en 1837 à l'amiral de Rosamel, alors ministre de la marine, le projet d'une nouvelle campagne d'exploration (1) autour du Globe (2). Le roi approuva ce voyage mais en exprimant le désir que l'expédition se dirigeat vers le Pole austral. M d'Urville hésita quelque temps avant d'accepter cette modification à son premier plan; il était souffrant, peu familiarisé avec la navigation dans les glaces et il lui fallait faire une sorte d'apprentissage pour ce nouveau métier. Toutefois ce qui le décida, avoue-t-il franchement, est cette maxime que les *hommes savent gré qu'on les étonne* (T. 1. p. LXVIII).

L'*Astrolabe* que M. d'Urville avait déjà montée et sous son nom d'*Astrolabe* et sous celui de la *Coquille*, fut destinée pour cette nouvelle campagne; on lui adjoignit la *Zélée*, pour conserve, sous le commandement de M. Jacquinot, qui n'avait pas quitté M. d'Urville

(1) Ce projet que M. d'Urville modifia grandement dans le cours de sa campagne, est inséré dans les *Annales maritimes* de 1837, première partie, t. 2, p. 575. Le 20 mai parut une ordonnance du roi qui offrait aux marins de l'équipage une prime pour chaque degré qu'ils atteindraient à partir du 75° de latitude sud; le roi avait aussi promis qu'on accorderait les plus grandes faveurs à l'expédition si elle parvenait au pôle. (*Annales Maritimes*, 1837, partie officielle, p. 453.)

(1) C'est par l'entremise de M. Casy, aide-de-camp de l'amiral de Rosamel, que M d'Urville dut de voir accueillir favorablement son projet. M. Casy, aujourd'hui vice-amiral, a rendu, par cette bienveillante intervention, un grand service aux sciences, et surtout à l'hydrographie.

dans ses trois voyages; mais tous les autres officiers et médecins étaient des hommes nouveaux. Il est rare en effet que des officiers subalternes de la marine ou du service de santé veuillent recommencer la vie pénible et laborieuse qu'ils ont menée dans ces sortes de voyages (1). Ce qui leur revient est si minime et se réduit le plus souvent à la croix qu'on obtient bien plus aisément dans les ports ou par la recommandation du plus mince protecteur. Or, aux fatigues des explorations, au service de santé qu'il faut remplir, se joignent les courses aventureuses pour la formation des collections; en France, le travail d'études est immense, dispendieux, et de tout cela il ne résulte en géneral qu'une santé délabrée et peu de réputation ! M. d'Urville était bien imbu de ces idées quand il a dit avec justesse. « J'offris successivement à mes anciens compagnons de « m'accompagner; tous me remercièrent et je ne « pouvais leur en vouloir; ils avaient vieillis sous « le harnais; surtout ils avaient été si froidement « accueillis ! » C'est un singulier pays que la France? la médiocrité tenace est sûre d'arriver, mais personne ne songe à tendre la main à ce qui a de la sève et de la vie. Au contraire on écrase parfois quiconque veut bien faire et ce n'est qu'après avoir

(1) On ne pourrait, sans la plus grande injustice, oublier les immenses travaux exécutés par les officiers de santé de la marine, avec un désintéressement qui les honore. Les nations étrangères ont, en maintes circonstances, loué leurs travaux. Les académies étrangères les ont cités avec éloges : les facultés en France et les autres corps savants montrent pour ces fonctionnaires une bienveillante estime de tous les instants.

passé au dur creuset des épreuves que quelques uns échappent au naufrage ou tant d'autres ont succombé. Il en est au contraire que le vent de la prospérité prend dès le berceau, pousse sur le rivage où il n'y a pas assez de couronnes pour décorer leur front. M. d'Urville avait bien jugé son pays et son époque, aussi le voit-on entreprendre sa troisième campagne avec un grand dégoût ; tantôt poussé par le désir d'arriver, tantôt découragé et regrettant l'ombrage de sa Bastide et sa vie simple et ignorée, loin des intrigues qui semblent être en définitive le maximum de la civilisation actuelle. L'expérience l'avait rendu philosophe pratique et peut-être cette expérience, chèrement achetée, a-t-elle influé sur son genre de commandement, car pour la première fois, dans sa relation, perce l'indication de mésintelligence avec quelques-uns de ses officiers, mésintelligences dont il parle en maints endroits de son voyage, et dont il ne nous appartient pas de rechercher les causes.

Simple historien nous racontons des faits sans vouloir en tirer aucune induction pour le moment. Suivons maintenant M. d'Urville dans sa troisième campagne dont il n'a pu mettre au jour que les deux premiers volumes, mais que son collaborateur Vincendon-Dumoulin va publier sur son manuscrit rédigé jusqu'à l'arrivée en France des deux corvettes.

Le 7 septembre 1837, M. d'Urville mit à la voile de Toulon, et répète ce qu'il avait déjà dit de l'incommodité de ce port méditerranéen pour le départ des vaisseaux d'explorations, et d'où sont sorties cependant toutes les expéditions de découvertes depuis la paix. Le 30 septembre, *l'Astrolabe* et la *Zélée* mouillaient à Santa-Cruz de Ténériffe, et après y avoir pris des vivres et fait une excursion au pic de Ténériffe, nos navigateurs se dirigent sur Rio-de-Janeiro où ils arrivent le 13 novembre pour n'y faire qu'une apparition fort courte, afin de mettre à terre un offcier dangereusement malade. De la capitale du Brésil, M. d'Urville cingla vers la Magellanie, en traversant le canal qui sépare les Malouines de la Tierra del Fuego. Engagée dans le détroit de Magellan, l'expédition débute par des travaux importants, soit de géographie soit d'histoire naturelle, et ancre dans plusieurs des ports qui bordent ce canal et communnique avec quelques tribus de Patagons et de Pescherais, sur lesquels on recueille des observations précises. Ses relâches au port Famine et au Hâvre Pekett ont fourni des détails d'anthropologie piquants et des études qui complètent les premières données transmises par Bougainville. Le 27e. jour depuis son entrée dans le détroit, l'expédition débouquait du canal et se trouvait dans l'Océan Pacifique. Le 29 Janvier 1838 M. d'Urville, pour remplir les intentions du roi et vérifier le dire de Weddell qui prétend avoir atteint le 74° 15' de latitude, mit le cap au Sud, et gagna facilement, malgré les brumes, le 63° de latitude, mais il se trouva arrêté au 64° par une barrière de glaces qui le força à se diriger vers l'est afin d'y trouver quel que coupure. Ce fut en vain, car il se vit forcé de rebrousser chemin. Il faut lire dans le tome 2 de sa relation le récit des contrariétés sans nombre et des dangers qui vinrent assaillir ses vaisseaux. Au milieu de ces îles flottantes, l'*Astrolabe* et la *Zélée* coururent maintes fois le danger d'être broyées, comme de fragiles coques de noix, dans les étreintes de leur montagnes de glaces, craquant, pirouettant sur elle même, tantôt compactes et tantôt s'isolant, pour se réunir bientôt sous les efforts de la mer et du vent. On voit les équipages lutter de courage et de vigueur pour manœuvrer sous le givre et la neige et lutter contre la puissance des éléments, aux bornes du monde et sans l'espoir de secours si un malheur venait les assaillir ! Un mois entier M. d'Urville chercha à s'avancer à travers ces barrières, mais c'est en vain qu'il usa ses forces pour franchir le 64° ; le scorbut, ce fléau des anciennes navigations, vint le forcer à la retraite et lui imposa la nécessité de regagner des parages moins inhospitaliers. Toutefois cette pointe vers le pôle austral permit de faire la géograhie des îles Orkney et West-South-Wales ; et plus particulièrement des îles Clarence, Elephans, Gibb, Aspland, O-brien et aussi de ces terres antarctiques, entrevues par les pêcheurs de phoques, et qu'il nomma *Terre Louis-Philippe* et *terre Joinville.* En quittant les îles Levingston, il se dirigea sur le Chili, et le 7 avril il atteignait la vaste baie de la conception (1). Nous reverrons plus tard M. d'Urville voguer vers le pôle autactique, mais en suivant un autre méridien. Il est aussi le premier marin français qui ait paru dans ces hautes latitudes où n'avait jamais flotté le pavillon de la France (2). Toutefois avouons-le avec simplicité M. d'Urville n'a point été favorisé pour l'accomplissement de cette partie de sa mission, il a rencontré des obstacles qui ont fait reculer sa ténacité et son courage, et sa tentative, fort avantageuse pour les sciences, n'a pas cependant rempli le but que l'on se proposait. M. d'Urville en avait la conscience, quand il se décida plus tard à faire de rechef voile vers le pôle.

Au mouillage de Talcahuano, au fond de cette immense baie de la Conception, que nous avions visitée ensemble quand nous étions sur la *Coquille*, M. d'Urville ne s'occupa que de mettre ses malades en mesure de recouvrer la santé et à regréer ses vaisseaux ; c'est aussi ce qui le porta à se diriger sur Valparaiso pour s'y procurer divers objets d'approvisionnement, avant de s'élancer à travers le Grand Océan. C'est le 29 mai qu'il aban-

(1) Rapport au ministre. Ann. Maritimes 1838, t. 2, p. 1145.

(2) Voyez le Journal de mon voyage autour du monde, t. 1 p. 22.

donna les côtes de l'Amérique pour naviguer vers les Iles Marquises de Mendoce. En juin nos marins descendirent sur l'île de Juan-Fernandez, devenue si célèbre par les infortunes du pauvre matelot Selkirk, auxquelles on doit les aventures de Robinson, œuvre immortelle de Daniel de Foë ; puis en se dirigeant à l'Ouest, ils reconnurent les îles Ambroise, Félix ; puis avant d'attérir aux îles Gambier, il eut la douleur de voir un de ses marins tomber à la mer et périr sans qu'on ait eu le temps de le secourir. Le premier août il atteignait le groupe des îles Gambier, découvert par Wilson, visité par Beechey, et que le zèle des missionnaires français a depuis peu conquis à la foi chrétienne. Ces îles, aujourd'hui nommées Mangareva ont fourni à l'expédition des observations curieuses, et M. d'Urville, dans sa relation, leur a consacré plusieurs chapitres.

Le 15 août, nos compatriotes mirent à la voile et se dirigèrent sur les îles Marquises, ou mieux Noukahiva, que les Français avaient négligées depuis la relâche du capitaine Marchand, qui est le premier de sa nation qui les ait visitées (1). Nos missions n'ont point encore fructifié sur ces îles que peuple une race belliqueuse et corrompue, anthro-

(1) A la suite de la campagne de la *Coquille*, en 1825, nous avions, M. d'Urville et moi, présenté au ministre de la marine un mémoire sur deux colonies à établir par la France et pour la déportation des condamnés, l'une au port de Roi Georges, de la Nouvelle-Hollande, et la seconde à la Nouvelle-Zélande. Nos mémoires ont sans doute été jetés au rebut, mais les Anglais se hâtèrent d'aller s'emparer de l'un et de l'autre point, où ils se fixèrent définitivement après 1830.

pophage, comme la race Zélandaise, dont elle est un rameau distinct seulement par le dialecte. De ce point l'expédition se rendit aux îles de la Société et fut ancrer dans la baie de Matavai, sur les côtes d'Otaïti, cette île aux riants souvenirs et passée sous le sceptre des ministres protestants.

D'Otaïti, M. d'Urville fit route, en novembre, vers Mopelia, Scilly et Rose, et manqua se perdre sur les récifs de la première de ces îles. De là il cotoya l'archipel des Navigateurs de Bougainville, ou îles Samoa, et vint mouiller au port d'Apia, sur l'île d Oyolova de La Pérouse, qu'il nomma Opoulou. M. d'Urville se procura en ce lieu des détails sur les Français tués à Maouna, avec Delangle et Lamanon, dans l'expédition de La Pérouse, et dit que deux ou trois individus ont survécu à leurs blessures et ont long-temps résidé parmi les naturels qui ne sont pas cannibales, ainsi qu'on l'avait cru. De cet archipel, l'expédition se rendit à Vavao, où des missionnaires méthodistes ont converti la population, et ensuite aux îles Viti, riches en bois de Santal. M. d'Urville tenta une descente pour ravager les propriétés du chef Nakalassé, l'assassin du capitaine Bureau, et parvint sans coup férir à incendier Piva, le village fortifié de ce petit despote océanien. Après cette justice sommaire accomplie, M. d'Urville navigua au milieu des rochers de corail, dont est semé ce groupe, et relacha aux îles Ovalaou et Vanoua.

Après avoir pris connaissance de l'île Aurore, des Nouvelles Hébrides, on fit la géographie du pic de l'Etoile et du groupe de Banks; on visita l'île de Vanikoro, puis on se livra à l'hydrographie des îles Salomon, de manière que près de deux cents lieues de côtes, à peu près inconnues, furent relevées avec les plus grands détails. On relacha pendant six jours sur l'île Isabel, et de là, faisant route au Nord, on reconnut les îles Hardy, Saint-Jean, Caen, le groupe d'Algarris, et enfin dans les Carolines, les archipels Nouguor et Louasap que l'on n'avait pas encore explorés. L'expédition mouilla dans le groupe d'Hogoleu, qu'on nomma Rouk, et dans les premiers temps les communications avec les naturels furent amicales, mais une de leurs agressions, née sans doute d'une fatale méprise, nécessita une sévère répression, et un assez grand nombre d'insulaires payèrent de leur vie leur attaque.

Le premier janvier 1839, les vaisseaux de M. d'Urville atteignaient les îles Mariannes, où un accueil généreux fut offert par les Espagnols au pavillon français, et leur relâche à Umata vint offrir un repos bien nécessaire aux équipagesfatigués par leurs précédents travaux. En quittant ces îles hospitalières, M. d'Urville navigua au sud-ouest, reconnut l'île de Gouap, prolongea les îles Pelew, communiqua avec les naturels de Pililio et se livra à l'exploration du canal de Serougaui et des côtes méridionales de Mindanao. Remontant vers le sud, on fit la géographie de ces chaînes sous-marines qui lient les Celèbes aux Philippines, et une brise vint heureusement repousser l'*Astrolabe* et la *Zélée* des roches sur lesquelles les portaient les courants et le calme. Ce travail terminé, l'expédition relâcha à Ternate, puis à Amboine que l'on atteignit le quatre février. Comme à l'ordinaire les autorités hollandaises se montrèrent pleines de bienveillance et fournirent tout ce qu'elles possédaient en approvisionnements pour faciliter à nos marins la reprise de leur campagne.

M. d'Urville, en partant d'Amboine, se dirigea sur les îles Banda, célèbres par leurs cultures d'arbres à épices, et reçut du gouverneur des Moluques un dugong et un kangourou qui manquaient au Muséum. De là, il fit voile pour Céram et releva en passant les côtes d'une foule de petites îles dont sont semées les mers de la Malaisie En naviguant à l'est, il s'avança sur les hautes terres de la Nouvelle-Guinée, qu'il longea l'espace de 80 lieues environ jusqu'à la rivière Outanata, et mit le cap au sud pour s'engager dans le fameux détroit de Torrès; mais le renversement de la Mousson vint s'opposer à ce qu'il pût dépasser le cap Walsch, et il lui fallut rétrograder et chercher un refuge sur la côte de l'Australie, dans la baie de Raffles, où les Anglais avaient fondé un établissement qu'ils ont abandonné pour le transporter à Port-Essington, à quelques lieues dans l'ouest.

M. d'Urville quitta son mouillage dans la baie de Raffles pour se rendre à Port-Essington et se loue de ses relations avec les colonistes des Anglais. En partant de ce point, l'expédition cingla au nord pour compléter ses travaux hydrographiques sur les Moluques et les îles Philippines ; c'est ainsi que le 12 avril commença l'exploration des îles peu connues d'Arrow, où vivent les oiseaux du Paradis, et qu'eût lieu la relâche de Dobo entre les îles Wama et Wokan. Le 22, on reprit les relèvemens sur la côte méridionale de la Nouvelle-Guinée ; on relâcha à la baie Triton, où les Hollandais avaient formé un établissement qu'ils ont abandonné, puis on continua la géographie de la Papouasie, de l'île de Céram, de la partie nord de Bourou et de la côte méridionale de Bouton, enfin les Célèbes, au sud, depuis Salayer jusqu'à Mankassar, où les corvettes restèrent cinq jours au mouillage. Le 1er juin, M. d'Urville touchait à Bornéo, et le 8 à Batavia.

M. d'Urville quitta Java avec des équipages bien portans et se dirigea vers les détroits de Banka et Durion pour atteindre Sincapour. Il avait l'intention de pousser vers Sambouagan et même vers Manille et Macao, avant de retourner dans l'Océanie. Mais après avoir échappé aux maladies si communes sous le ciel dévorant des Moluques, l'*Astrolabe* et la *Zélée* devaient enfin payer leur tribut à cette climature meurtrière, et les marins qui les montaient furent assaillis, dans la baie de l'Ampoung, d'une épidémie funeste qui moissonna trois officiers et quatorze matelots, et qui persista pendant deux mois. Les corvettes arrivèrent à Hobart-Town, capitale de la Tasmanie, dans l'état le plus déplorable sous le rapport sanitaire, puisque les hôpitaux de la colonie reçurent un assez grand nombre de malades.

Cependant M. d'Urville sentait le besoin de tenter un nouvel effort vers le pôle en suivant le méridien de la Tasmanie. Il était gravement préoccupé des expéditions commandées par les commodores Wilkes et Ross, et ne voulait pas laisser aux Américains et aux Anglais, sans le leur disputer au moins, l'honneur des découvertes à faire dans les régions circumpolaires antarctiques. Mais, d'un autre côté, avec des équipages affaiblis par une précédente campagne au pôle, décimés par les maladies des Moluques, amollis par une longue exploration des contrés tropicales, pouvait-il espérer vaincre les obstacles qui devaient entraver ses projets? Disons encore que par une de ces singularités qu'on ne trouve qu'en France, on avait formé à Toulon avec des marins provençaux pour la majeure partie, les équipages de bâtiments destinés à naviguer dans les glaces, quand on aurait dû les armer pour ce but exclusif, en leur donnant, pour les manœuvrer, de vieux matelots du Nord, de Saint-Malo et de Dunkerque notamment! N'obéissant qu'à son désir de faire des découvertes glorieuses pour la France M. d'Urville appareilla, le 1er janvier 1840, de la terre de Diémen, en se dirigeant au sud; dans la première partie de sa navigation, il fut assez favorisé, mais il ne put reconnaître les îles Royal-Company, ainsi qu'il en avait le projet, et rencontra la première montagne de glaces par 60° de latitude et par 141° de longitude. C'est par 63° que les glaces se multiplièrent et que des grains de neige rendirent les manœuvres pénibles ; elles ne firent que s'accroître jusqu'au 66°, où des chaînes de montagnes congelées formaient une barrière à l'horison. Le froid était très-vif, et dans la journée du 20, un calme plat ne permit pas de s'assurer de la terre qu'on avait vue la veille se dirigeant du sud à l'ouest-sud-ouest et dont quelques officiers niaient l'existence. Les matelots profitèrent de ce jour pour créer une nouvelle fête, celle du baptême antarctique, et le capitaine dût se prêter à leur joie, bien décidé à en tirer profit pour s'engager plus avant dans les canaux tortueux et zigzagués que présentaient les accumuations des glaces. C'était bien la terre que M. d'Urville avait entrevue; terre expirante sous sa nappe de glaçons; terre immense qui s'étendait à perte de vue et qu'il côtoya à 5 ou 6 milles de distance, par 66° 30' de latitude australe et 138° 21' de longitude est. Les canots expédiés sur ces côtes inanimées en rapportèrent des fragments de granit brisés sur les roches vives par nos marins; et le chef de l'expédition, ayant ainsi acquis la preuve qu'il venait de découvrir un des points du continent antarctique, le nomma Terre-Adélie L'expédition côtoya ces austères rivages jetés hors des bornes du monde habitable; mais, contrarié par les difficultés d'une navigation à toucher une banquise formidable, par des raffales de vents contraires, par la fatigue de ses équipages, M. d'Urville revira vers le nord pour rallier la colonie anglaise d'Hobart-Town, où il jeta l'ancre le 17 février. Par une coïncidence assez remarquable, M. d'Urville atteignit le 66° 30' de latitude, le 21 janvier, et le 28, le *Vincennes*, commandé par Wilkes, franchissait le 66° 33'.

Ici l'équité veut que nous mettions en regard les travaux des deux expéditions étrangères faites dans le but principal d'explorer les régions polaires du sud. L'expédition américaine commandée par Wilkes (1) était composée de vaisseaux le *Vincennes*, le *Peacock*, la *Porpoise* et le *Flyngfish*; c'est de la rade du port Jackson qu'elle mit à la voile en janvier 1840, et le 10 elle atteignait le 61 degré de latitude australe. Le 12 elle atteignit les premiers bancs de glaces, et le 19 elle découvrait une terre rendue inabordable par une immense banquise, terre qui gisait par 66° 20'. Le 2 février elle contourna cette terre appelée Adélie par M. d'Urville,

(1) Dans ces derniers temps on a accusé le commodore Wilkes d'avoir falsifié la date de sa découverte pour se parer d'une gloire qui ne lui reviendrait pas. Il paraît qu'une enquête a été prescrite aux États-Unis sur e fait d'une haute gravité morale.

et *Continent antarctique* par les Américains, à 60 milles du premier point où elle avait été découverte. Deux falaises de glaces s'opposèrent au débarquement, et Wilkes ne put jamais s'en approcher à plus de 3 à 4 milles; il estime que ce continent doit occuper 70° d'étendue de l'est à l'ouest.

L'amiral d'Urville a donc été plus heureux que son compétiteur en mettant le pied sur cette terre, soit qu'il ait été favorisé par des coupures dans les glaces, soit qu'il ait pu trouver une côte plus dégagée. Le commodore anglais Ross, avec l'*Érèbe* et la *Terreur*, parties des îles Auckland, reconnaissait dès décembre 1840 la banquise découverte par MM. d'Urville, Wilkes; pénétrait dans le cercle antarctique, et le 11 il dépassait 71° 56' de latitude sud. C'est alors qu'il découvrit une terre hérissée de pics couverts de neiges éternelles et de glaciers qui descendaient de leurs sommets à la mer, et cette terre reçut le nom de la reine Victoria. Ross débarqua sur plusieurs îles volcanisées, et sur une entre autres qu'il découvrit le 27 par 78° 8 de latitude. Le 28 il se trouva en vue d'un volcan qui vomissait d'énormes tourbillons de flammes et de fumée. Ce volcan qui gît par 77° 32' avait d'altitude 4130 mètres. A cette limite le commodore anglais trouva une barrière de glaces, longue de plus de 300 milles, qui s'opposât à ce qu'il pût s'approcher davantage du pôle. Il retourna à la nouvelle Galles du sud sans avoir de malades à son bord.

Telles sont en analyse les résultats connus des expéditions des trois plus puissantes nations maritimes, pour explorer le pôle sud, et M. d'Urville, bien que cet objet n'ait été qu'accessoire au plan de sa campagne, mérite des louanges pour sa hardie tentative.

Les corvettes l'*Astrolabe* et la *Zélée* après s'être ravitaillées à Hobart-Town, en repartirent le 25 février 1840 pour se rendre aux îles Auckland, afin d'y faire des observations de physique. Elles se dirigèrent ensuite sur les îles de la nouvelle Zélande pour relever la côte orientale et achever ainsi les reconnaissances nombreuses faites par l'*Astrolabe*, et d'ailleurs M. d'Urville avait un sentiment de prédilection pour ces îles sur lesquelles il a publié de nombreux documents.

En mai, l'expédition cingla vers le nord en se dirigeant sur la Louisiade, découverte par Bougainville, mais dont l'hydrographie restait à faire, car 200 lieues de côte furent levées avec le plus grand soin dans cette navigation. Il en résulta quelques découvertes intéressantes de géographie, entre autres la non existence d'un canal entre la nouvelle Guinée et la Louisiade. Trente lieues de côtes sur la nouvelle Guinée vinrent encore s'ajouter aux premières cartes dressées. C'est alors que les deux vaisseaux s'engagèrent dans le détroit de Torrès, et qu'au moment de débouquer à l'ouverture occidentale de ce canal, ils furent jetés sur un banc de récifs, dans une fausse passe où les corvettes restèrent presqu'à sec et manquèrent de défoncer. C'est par des travaux inouis que nos navigateurs purent se retirer de cette dangereuse position, et quitter le détroit le 12 juin, après en avoir fait la géographie.

Mais il était temps de songer au retour et à doter la patrie des beaux résultats de la campagne. M. d'Urville se décida à naviguer vers la France. Le 20 juin il mouillait à Coupang, sur l'île de Timor pour s'y procurer des rafraîchissements, et le 22 juillet il relâchait à l'île de Bourbon. Le 7 septembre il se trouvait sur la rade de Sainte-Hélène, au moment où les cendres de Napoléon allaient être rapportées en France, et le 6 novembre les corvettes venaient s'amarrer à Toulon.

Là, de douloureuses émotions attendaient M. d'Urville : le chagrin avait influé sur la santé de sa femme; il avait perdu un fils pendant son absence; lui-même ne rapportait plus de sa puissante constitution qu'un organisme appauvri et délabré. Il débarquait non encore guéri d'une grave maladie contractée dans les pays chauds. L'accueil de ses amis, de ses collègues, ne lui procura qu'une joie éphémère; il en fut de même des faveurs qu'il sollicita pour ses compagnons et qui lui furent accordées avec empressement; et cependant il voyait se réaliser ses vœux les plus ardents pour le grade de contre-amiral, auquel il fut porté par ordonnance du 20 décembre 1840. On assure que M. Duperré, ministre de la marine, lui disait en riant : « Demandez-moi la croix pour le grand mât de votre navire et le grand mât sera décoré. » Quoiqu'il en soit de ce dire, qui pourrait bien être apocryphe, M. d'Urville à son arrivée, fut accueilli, par les faveurs répandues avec profusion sur ses équipages et dut jouir avec satisfaction du fruit de ses travaux. Plus d'obstacles à ses rèves d'avenir! Sa vie frugale et sans dépense, pendant trois campagnes, lui avait permis d'économiser une fortune honnête ; ses jours devaient s'écouler dans des loisirs studieux ; il avait payé sa dette à son pays, et son pays lui accordait en échange une honorable position et de la renommée. C'est au moment de jouir de toutes ces sources de bonheur qu'il a eté brusquement enlevé par un de ces caprices de la destinée dont il n'est donné à personne de sonder les mystérieux décrets.

Vivant à Paris avec les habitudes d'une grande simplicité, il s'occupait de la publication de son voyage, dont le gouvernement faisait les frais avec une somptueuse libéralité. La part de M. d'Urville devait se composer de dix volumes d'historique et de deux volumes de philologie, accompagnés d'un atlas de 500 planches in-folio. La zoologie par MM. Hombron et Jacquinot devait fournir trois volumes in-8° et 150 planches ; la botanique, aussi par le docteur Hombron, n'allait pas à moins de deux volumes et 80 planches ; l'anthropologie, par M. Dumoutier, aura un volume et 50 planches in-folio ; enfin un atlas hydrographique, mis au jour par le dépôt de la marine, appartiendra à l'ingénieur hydrographe Vincendon-Dumoulin, et les plans de hâvres et de ports aux divers officiers de l'expédition. La masse des travaux que ces seules indications font préjuger va s'adjoindre bientôt aux magnifiques résultats produits par la campagne de l'*Astrolabe.* Ce sont des titres qu'il n'est plus permis de méconnaître et devant eux la critique est réduite au silence. L'heure est venue pour la postérité, de placer parmi les hommes éminents qui font la gloire du pays le chef sous les ordres duquel se sont accomplies d'aussi glorieuses entreprises.

Ce que l'on reproche le plus volontiers au récit de M. d'Urville est un style lourd, empesé, un luxe d'expressions triviales, d'épithètes ridicules, telle que celle de *brave* qui est prodiguée à l'évêque de Nilopolis, comme aux Pescherais et aux autres sauvages ; un manque d'habileté dans l'art d'écrire et de nombreuses incorrections, défauts sensibles surtout dans les trois volumes de la dernière relation. On a critiqué ces longs détails de particularités qui n'intéressent personne que le chef qui sans cesse se personnifie et se montre au premier plan. Il était difficile avec la méthode du journal quotidien, adoptée par M. d'Urville, d'éviter ces défauts essentiels du genre. D'ailleurs il déclare dans sa préface qu'il écrit sans art et avec simplicité les faits tels qu'il les a observés. Les premières pages tracées par M. d'Urville, celles de la campagne de la *Chevrette*, et même de la *Coquille*, sont en effet bien supérieures, quant à la correction, à celles des volumes des dernières campagnes. M. d'Urville d'ailleurs n'a jamais été un homme d'imagination ; tout chez lui était soumis à un calcul froid, ainsi qu'il aimait le reconnaître. Il dédaignait singulièrement la forme et n'estimait que le fond des choses. J'ai remarqué que l'habitude du commandement chez les marins, ce despotisme de tous les instants, les rendaient peu propres à écrire et faisait perdre chez ceux qui, dans leur début, avaient donné des pages colorées et vigoureuses, la faculté de les reproduire. Bougainville seul a échappé à cette loi commune, mais Bougainville, officier de cavalerie, devenu marin par circonstance, était homme de sciences et aussi un homme du monde orné d'un esprit délicat.

M. d'Urville a prouvé toutefois qu'il n'entrait pas dans son but de s'attribuer toute la gloire de la campagne, en ne citant dans le texte de sa narration que ses propres observations et en passant sous silence les récits de ses collaborateurs, car il a formé à la fin de chaque volume un faisceau des observation diverses de ses officiers, et si les pages officielles sont graves, sérieuses, parfois arides pour les gens du monde, elles sont riches d'observations pour le philosophe et pour les marins, et se trouvent émaillées par le sans-gêne et l'allure vive et gaie des pages, souvent spirituelles, des jeunes officiers dont les soucis du commandement ne viennent pas alourdir la plume.

Les volumes laissés par M. d'Urville sont une mine féconde de matériaux pour les futurs explorateurs et pour les géographes ; longtemps on puisera dans cet immense répertoire de faits divers. Il n'est pas de recueils de mœurs sur les peuples de l'Océanie plus riche que les vingt volumes que ce navigateur nous a laissés ou nous laissera. Bien qu'il n'ait paru au moment de sa mort que deux volumes de son troisième voyage, le journal de M. d'Urville ayant été trouvé dans ses papiers entièrement rédigé jusqu'à l'arrivée à Toulon, on n'aura qu'à surveiller l'impression des volumes subséquents, et l'œuvre commencée sera achevée sur le texte même de son auteur.

M. d'Urville avait aussi de précieuses collections qu'il serait bien à désirer de réunir intactes dans quelque musée. Ses herbiers sont nombreux et sa collection de coquilles, formée avec un soin minutieux pendant ses trois voyages, est excessivement riche en espèces nouvelles et rarissimes: puissent-elles être réunies religieusement au muséum et par reconnaissance on doit émettre le vœu que le musée de Caen, qu'il affectionnait, reçoive une série des doubles de tous ces échantillons précieux (1). Il doit aussi lui rester beaucoup d'insectes de tous les parages qu'il avait visités et une série d'armes et

(1) Il paraît que ce vœu a été rempli par les héritiers de l'amiral.

d'objets fabriqués par les peuples de l'Océanie.

M. d'Urville, a-t-on dit, a été secondé dans ses campagnes, par des officiers courageux et habiles. Les observations de physique, les tracés géographiques, les collections d'histoire naturelle leur sont dus : sans doute ; mais la part qui revient au chef comme pensée dirigeante est immense: il était la tête de l'entreprise les autres n'en ont été que les bras. D'ailleurs, l'usage a sanctionné l'oubli des collaborateurs ; qui connait aujourd'hui dans le monde les noms des compagnons de Cook, de la Pérouse, de l'Entrecasteaux, de Flinders, etc. Ce qu'on devait attendre de M. d'Urville était une justice distributive pour les labeurs de ses officiers et il s'est plu à la fin de chacun de ses rapports, à signaler leur zèle et leur mérite, au gouvernement, et, en cela, il a rempli loyalement la première des obligations d'un chef d'expédition (1).

Les qualités que doivent avoir les marins auxquels sont confiées les missions difficiles des explorations, sont tellement nombreuses qu'il est rare d'en rencontrer qui les possèdent à un dégré aussi éminent que M. d'Urville. C'est qu'il faut unir au

(1) L'académie royale des sciences, arts et belles-lettres de Caen avait reçu 14 notices ou mémoires sur d'Urville. Dans sa séance publique du 3 avril 1843 (et non pas 1844 comme on le lit par erreur sur le titre de cet opuscule), elle décerna le prix à M. Roberge, de Caen ; puis elle mentionna dans le rang qu'elle adopta pour classer les mérites, les éloges de MM. Cabrié censeur des études au collége de Versailles ; Fulgence Girard, d'Avranches et M. Charles de Saint-Maurice, de Paris

J'ai imprimé la critique faite de mon mémoire en tête de cette brochure.

métier proprement dit, et la science et l'esprit d'observation, la sureté du coup-d'œil et la perspicacité du jugement, la décision dans les évolutions difficiles et la résolution dans le péril !.... Sans cesse à compulser le dire de ses devanciers et ce que les livres nous ont transmis, où ce que les cartes présentent à l'œil, le chef doit être fertile en ressources pour faire face aux éventualités de la navigation. Chaque officier subalterne, après son quart, goûte un repos dégagé de tout souci ; le chef, lui, veille pour tous; calcule les effets des courants, la direction des vents, les changements ou les pertubations qui s'annoncent dans l'atmosphère ; il est sans cesse en lutte contre les obstacles qui entravent ses projets, et sur les côtes, au milieu des rescifs il doit être tout yeux et tout oreilles. Unissant la prudence à l'audace, calme dans les dangers, ses ordres doivent être clairs, brefs et impératifs; son intelligence gouverne la colonie flottante et la maintient sous la discipline au dedans, comme elle la protège contre les dangers du dehors. L'art de conduire les hommes, de les

J'y reponds par ma notice. Le lecteur (non le lecteur superficiel, mais le lecteur instruit des choses de marine), jugera. Mon style se ressent de la rapidité de ma rédaction, car mon mémoire a été écrit en quinze jours, puis j'ai supposé le lecteur au courant d'une foule de faits bien connus dans nos ports et j'ai glissé sur des explications oiseuses pour lui. Pour les gens de l'intérieur qui ne connaissent la marine que par les opéras-comiques, j'ai dû être très-souvent obscur. Bien qu'écrite au courant de la plume, ma notice se trouvait d'avance tracée dans mon cerveau, car depuis plusieurs années, elle m'avait occupé sérieusement Ce n'est donc pas un déclinatoire que je prétends insérer ici.

J'ai lu bien attentivement le mémoire couronné, celui de M. Roberge. C'est une œuvre placide, calme, régulière, harmonieuse et honnête. Je l'ai lue avec plaisir et je conçois son succès d'académie. Mais elle peint un d'Urville à l'eau rose et nullement celui que j'ai connu.

enflammer pour exciter leur courage ou leur zèle est aussi pour certains chefs un levier qui a produit de grands résultats. Joignez à ces premières obligations celles qui découlent des connaissances générales pour faire des découvertes dans les diverses branches des sciences, les travaux à favoriser, la nation à représenter dignement et honorablement chez les peuples étrangers, et l'on concevra que les chefs d'expédition doivent être aussi rares que leur mérite est grand.

Le 8 mai 1842, M. d'Urville, poussé par une de ces fatales inspirations qui viennent surprendre à l'improviste, décide avec sa femme et son fils une excursion à Versailles, dans un simple but de promenade. Fidèle à ses habitudes domestiques, vers 5 heures 1|2, l'amiral prend place avec sa famille dans un des premiers wagons du chemin de fer de la rive gauche. La France entière a poussé un long cri de douleur au récit de la déplorable catastrophe dans laquelle s'entassèrent, en un gigantesque bûcher, locomotives, voitures, êtres humains ! La vapeur, la fumée et la flamme s'unirent pour torturer les malheureuses victimes, plongées au milieu d'un brasier sans pouvoir s'échapper.

Quelle dut être terrible la minute où l'infortuné d'Urville, les membres broyés peut-être, vit tomber sur son sein et sa femme et son fils!... Cette pensée fait frissonner d'horreur! et au souvenir d'une si grande infortune qui ne verserait des larmes !

De l'homme qui avait si souvent bravé les tempêtes, les écueils, le soleil torridien, les glaces polaires; de sa femme chérie; de l'unique rejeton de son nom, il n'était resté que des tronçons de cadavres charbonnés, que le feu n'avait pas totalement consumés; c'est au milieu des débris informes de tant d'autres victimes que des compagnons de l'amiral reconnurent son torse (1) et les fragmens de sa femme et de son fils.

La marine et la science se sont données la main pour inhumer ces restes avec les plus grands honneurs, et la ville de Paris a concédé le terrain où ils doivent reposer à jamais (2).

La Normandie, cette patrie de l'intrépide de Blosseville (3) et de d'Urville, la Normandie, féconde dans tous les temps en navigateurs hardis et aventureux, a pris l'initiative pour honorer le souvenir de l'un de ses plus célèbres enfants. La

(1) La charpente osseuse de la tête de M d'Urville, surtout le front et le menton, ne permettaient pas de méprise.

(2) C'est en 1842 que j'écrivais ces lignes.
A la suite de recherches persévérantes au milieu des débris calcinés et
informes déposés au cimetière Mont-Parnasse on pouvait en étudiant les
caractères anatomiques des tronçons de corps réduits en charbon, y re-
connaitre les restes de l'amiral, de sa femme et ce qui est plus douteux
de son fils. De magnifiques obsèques furent faites aux frais de la marine,
au milieu d'un affluence considérable d'assistants et le trépas de d'Urville
est digne d'envie par la masse des regrets que cette foule attristée manifestait. Mort dans son lit, il eut laissé de la gloire sans doute, mais en
France, le pays des émotions chaleureuses, une mort aussi misérable,
exalta les nobles passions du cœur. Un monument ramarquable fut élevé
sur ses dépouilles et la ville de Condé-sur-Noireau, se hâta de lui élever
une statue. La postérité a dater de ce jour le rangea parmi les grands
hommes de mer de la France. Sans ce genre de mort, il eût attendu long-
temps peut-être un appréciation équitable de ses immenses travaux.

(3) J'espère être en mesure de publier bientôt une longue notice sur le jeune et intrépide de Blosseville, le Bayard de la marine et le plus beau caractère d'homme, que j'aie jamais rencontré.

France, qui en a reçu de la gloire, ne l'en récompensera-t-elle pas par un monument digne d'elle et de celui qu'on peut justement appeler le Cook français (1).

(1) Je ne connais pas deux navigateurs dont toute la carrière présente plus d'analogie que les vies de Cook et de d'Urville. Même genre d'écrire, même manière de voir pour les peuples sauvages, même manière de naviguer, même nombre de campagnes, même trépas funeste. L'un massacré et l'autre brûlé vif. Le vœu que j'eméttais en 1812 a été dignement accompli depuis.

FIN.

Rochefort.—Imp. de H. Loustau et Cie.

www.ingramcontent.com/pod-product-compliance
Ingram Content Group UK Ltd.
Pitfield, Milton Keynes, MK11 3LW, UK
UKHW020153200726
13856UKWH00003B/968

9 782013 071536